Heribert Rösgen & Matthias Langer

S.C. Fortuna Köln

Fußballfibel

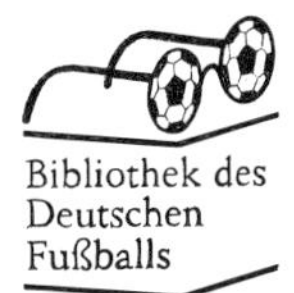

Herausgegeben von Frank Willmann

Autoren:

Heribert Rösgen, geb. 1961 in Köln, berichtet als Journalist über seine Heimatstadt. Seit Anfang der Siebzigerjahre ist der S.C. Fortuna Köln sein Verein, wobei die Bindung während der Zeiten des Niedergangs noch stärker wurde. Die eigene Fußballkarriere hatte ihren Höhepunkt mit dem Gewinn des Ehrenfelder Kneipencups im Jahr 2008, bei dem er im Team des „HU's" als Torwart aktiv war.

Matthias Langer, geb. 1965 in Siegen, kam 1987 zum Studieren nach Köln. Aus dem „Nur-mal-Fortuna-gucken" wurde ungeplant sein Herzensverein, spätestens während der chaotischen Jahre zwischen Jean Lörings Ausstieg und der dritten Insolvenz. Heute freier Grafik-Designer im Musik- und Kulturbereich, gestaltet ehrenamtlich Drucksachen für die Fortuna-Jugendabteilung oder die Handballer. Seine eigene Fußballkarriere beendete er nach einem Jahr im Tor der E-Jugend des SV Dreis-Tiefenbach.

ISBN: 978-3-944068-72-5
Die Deutsche Nationalbibliothek verzeichnet diese Publikation in der Deutschen Nationalbibliografie; detaillierte bibliografische Daten sind im Internet über http://dnb.d-nb.de abrufbar.

Verlag:
CULTURCON medien
Inh. Bernd Oeljeschläger
Melanchthonstraße 13
10557 Berlin
Telefon 030 / 3439 8440
Telefax 030 / 3439 8442
www.culturcon.de
Redaktion und Lektorat: Nelly Möller
Gestaltung und Satz: Burkhard Kehl, Berlin
Coverentwicklung: Marcus Gruber, Berlin
Druck: Florian Isensee Gmbh, Oldenburg

Bildnachweis:
Foto/Repro/Retuschen Matthias Langer: S. 27, 36, 43, 45, 68, 91, 103, 108, 122, 126, 137, 145; Repro Barbara Lehmann: S. 56, 58, 59, 61, 66, 70, 82, 144; Heribert Rösgen: S. 53, 86, 99, 100, 116, 130, 134, 147; Privatarchiv Cornel Wachter: S. 4, 8, 14, 24, 33; Maic Reese: S. 89, 115, 120; Sebastian Flügel: S. 127, 136; Familie Hartz: S. 16; Privatarchiv P. Nagelschmidt: S. 38; Pressebilderdienst Horstmüller: S. 40; Kölner Verkehrsbetriebe: S. 50; Repro Robert Esser: S. 77; Johannes Matzke: S. 141; Markus Buck: S. 142; Unbekannt: S. 85.

Blutige Knie

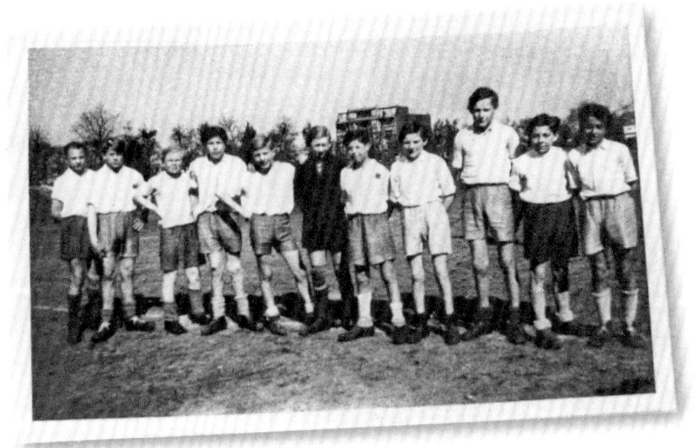

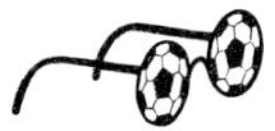

Hermann hatte keine Chance. Sie hatten ihn schon nach wenigen hundert Metern eingeholt. Er kauerte sich an ein Mäuerchen, genau genommen waren es die Reste einer Hausfassade. Ein Haufen Ziegel und ein paar Balken lagen noch herum. Der Rest des Hauses war entweder zu irgendeiner Baustelle oder auf einen der Schuttberge am Rand der Innenstadt geschafft worden. Die Schmerzen an seinen Knien und an den Händen spürte er nicht. Zu dritt standen sie um ihn herum. Die zwei Kleineren versperrten ihm die Flucht zur Seite. Mit denen hätte er es vielleicht noch aufgenommen. Der Größere, Ältere kam langsam auf ihn zu: „Stonn op!" kommandierte er. Dabei zuckte sein Kinn kurz nach oben. Er trug eine Lederjacke, lange Cordhosen und Stiefel. Es war Franz. „Kulle-Franz" nannten ihn alle nur – wegen seiner schwarzen Haare. Er hatte die Gegend um den Straßenbahnhof Süd zu seinem Revier erklärt.

Hermanns Knie zitterten, als er sich langsam an der Mauer hochzog. Er sah, dass er blutete, sah die spitzen schwarzen Splitter in beiden Knien. Bei seinem Sturz musste er in Kohlenstaub gefallen sein. Erst jetzt fiel ihm auf, dass der Bürgersteig um ihn herum dunkler war. Irgendwer hatte vielleicht gerade hier einen Sack Briketts fallen gelassen. Das Pfeifen einer Lokomotive drang vom Güterbahnhof Bonntor herüber. Dass Kohlen oder Briketts von den Waggons am Güterbahnhof geklaut wurden, kam öfters vor. Auch seine Handflächen waren schwarz und blutig. Die Flößerstraße, die die Alteburger Straße mit dem Oberländer Ufer verband, war menschenleer. Es war Samstagnachmittag, der 21. Februar 1948.

„Zeig. Wat häste in de Täsche? Oder wellste tireck e paar en de Fress!", drohte der Kulle-Franz. Die beiden anderen hoben die Fäuste und gingen in Boxerstellung. Kulle-Franz machte sich selten selbst die Hände schmutzig, wenn er sich Geld, Wertsachen oder auch nur etwas Schokolade auf solche Weise beschaffte. Dafür hatte er immer Jungen wie Klöösje und Pitter um sich herum, die darauf hofften, das ein oder andere abzubekommen. Einen Gürtel vielleicht oder ein besseres Paar Schuhe.

Hermann trug Sandalen, die ein bisschen zu groß waren. Da sollte er „noch reinwachsen". Aber rutschig waren sie. Deswegen war er ja überhaupt gestürzt. Auch seine Hose war ihm etwas zu weit, doch es war ein guter Stoff. Kein Lumpen. Das hätte seine Mutter nie zugelassen. Der Schlag war umgenäht und statt eines

Gürtels trug er ein Stück Kordel. Die konnte er aber gut unter dem grauen Wollpullunder verstecken. So sah er „manierlich“ aus, wie seine Mutter stets sagte, bevor er aus dem Haus ging. Er hatte am Rheinufer Schiffe beobachtet und Ausschau gehalten, ob nicht jemand auf der Allee zwischen den Gleisen der Rheinuferbahn und dem Eisengitter am Rhein etwas verloren haben könnte. Eine Münze, einen Fahrschein oder vielleicht eine Zigarettenkippe, die noch nicht ganz aufgeraucht war. Die konnte man gut eintauschen. Hermann rauchte nicht. Er war noch nicht ganz zehn Jahre alt.

Kulle-Franz mochte vier oder fünf Jahre älter sein. „Los, zeig! Ding Täsche!“, herrschte er Hermann an. Klöösje und Pitter wippten vor und zurück. Drei gegen einen. Dass Hermann nichts in seinen Hosentaschen hatte, würde ihn kaum vor einer Abreibung bewahren. Das war ihm klar. „Ich hab nix, Ehrenwort“, stammelte er. Dabei zog er langsam das Futter seiner Hosentaschen nach außen. Ein weißes Taschentuch fiel zu Boden. Er hatte es ganz vergessen. Das Tuch mit einem kleinen Spitzenrand hatte er ein paar Tage vorher an der Bismarcksäule gefunden und eingesteckt. Es hatte ihm gefallen, weil es gut gerochen hatte.

„Luur ens aan. Lügen tuste auch noch!“ Kulle-Franz wurde noch lauter. Pitter schubste ihn von der rechten Seite. Fast wäre er wieder hingefallen, aber er bekam von der linken Seite einen weiteren Stoß von Klöösje. Sie lachten höhnisch. „Das Taschentuch kannste haben. Tu mir nix“, stammelte Hermann ängstlich. Er hob beide Arme schützend vor sein Gesicht. Hoffentlich schlugen sie nicht auf die Lippen oder auf die Nase.

„Wie heißt du?“ fragte Franz. Hermann kam nicht dazu, zu antworten. Plötzlich stolperte das Klöösje gegen den Franz und fiel fast dem Pitter vor die Füße. Jemand hatte ihn von hinten gestoßen. „Franz, Franz, Franz. Immer dasselbe. Wat bess du doch för nen feigen Hungk. Drei gegen einen“, hörte Hermann eine Stimme. Zwischen ihm und seinen Angreifern hatte sich ein fremder Junge aufgebaut. Der Junge war vielleicht genauso alt wie der Kulle-Franz. Er war allein. Entschlossen und breitbeinig stand er da und schlug mit seiner rechten Faust in die linke Handfläche, langsam, regelmäßig, immer wieder. Hinter seinen Schultern hervor konnte Hermann sehen, dass die drei plötzlich ziemlich nervös und ängstlich wurden. „Un jetz?“, fragte der fremde Junge grinsend und reckte herausfordernd das Kinn.

Statt einer Antwort wichen die drei langsam zurück. Der Kulle-Franz hob beschwichtigend die Unterarme und zeigte die leeren Handflächen. „Is jut, is jut, war nur Spaß", sagte er im Rückwärtsgehen. Der andere Junge machte einen schnellen Schritt nach vorne und stampfte dabei laut mit der Schuhsohle auf das Pflaster. „Ich geb dir gleich Spaß!" Franz, Klöösje und Pitter flitzten davon in Richtung Rheinufer.

„Boh, das war knapp. Die hätten mich sonst verdroschen. Danke", sagte Hermann, als sich der Junge zu ihm umdrehte. Er wollte ihm die Hand geben, aber er zog sie wieder zurück, weil er bemerkte, wie blutverschmiert sie war. „Schon gut, Kleiner", erwiderte der andere, der jetzt genauso dicht vor ihm stand und auf ihn herunterblickte wie kurz zuvor der Kulle-Franz. „Du darfst dir nix gefallen lassen", sagte er ernst, aber er blickte viel freundlicher. Er hatte leicht gewellte, hellblonde Haare, einen strengen Scheitel und blaue Augen. „Ist ja noch mal gut gegangen. Aber die kommen bestimmt wieder. Mit dem Franz ist nicht zu spaßen. Wo wohnst du?" – „Bernhardstraße." – „Ganz schön weit weg. Ich bring dich nach Hause."

Sie gingen die Alteburger Straße in Richtung Süden. Allmählich schwand das Tageslicht. „Wie spät ist es wohl?", fragte der große Junge. Hermann blieb stehen und nestelte an seiner Hose. Aus einem Geheimfach im Bund zog er eine Taschenuhr, die an einer Kordel befestigt war. „Bald sechs", stellte er fest. Der Junge blieb abrupt stehen, stemmte die Arme in die Hüften und schaute ihn verblüfft an. „Du sagst dem Franz ins Gesicht, du hättest nix? Dabei hast du 'ne Uhr? Scheinst ja doch ganz schön Nerven zu haben. Wie heißt du?" – „Ich bin der Hermann, und du, wie heißt du?" – Er war ein wenig erschrocken über sich selbst. Normalerweise gaben sich Ältere doch gar nicht mit Kindern, wie er eines war, ab. „Ich heiße Hans. Die meisten sagen Schang zu mir", sagte der Ältere. „Mich nennen sie Menn", sagte Hermann, obwohl er diese kölsche Kurzform eigentlich gar nicht mochte. Jetzt gaben sie sich doch die Hand.

Kurz hinter der Tacitusstraße fiel der Schein von zwei Gaslaternen auf den Bürgersteig. Sie standen vor dem Kasino der Berlin-Anhaltinischen Maschinen-Gesellschaft – in ganz Köln sagte jeder nur „de Bamag". Es schien noch offen zu sein. Normalerweise war die Fabrik um diese Zeit schon geschlossen. An den Wochentagen stampfte und hämmerte es hier aus allen Hallen. Die meisten waren schon wieder aufgebaut, zumindest so weit, dass darin gearbeitet werden konnte. Auf dem Gelände zwischen Rheinufer-, Tacitus- und Goltsteinstraße standen noch viele Ruinen. Trotzdem arbeiteten schon wieder hunderte Menschen hier. Überall in der Stadt und im ganzen Land waren durch die Bomben im Krieg Gebäude und Brücken kaputtgegangen. In der Maschinenfabrik wurden Teile produziert, die gebraucht wurden, um alles wieder instand zu setzen.

„Die gründen hier hück Ovend 'ne neue Verein", sagte Schang und deutete mit einem kurzen Kopfnicken in Richtung des Kasinos. „Wer sind die? Was für ein Verein?", wollte Hermann wissen. „Na, der Bayenthaler Sportverein, de Sparkass un de Victoria. Interessierst du dich etwa nit für Fußball?", fragte Schang ungläubig. „Äh, doch … schon … ein bisschen", log Hermann, der plötzlich Angst bekam, seinen neuen Freund ganz schnell wieder zu verlieren, wenn er kein Fußballer war. „Die wollen den FC Süd gründen. 'ne jroße Verein", erklärte der Schang.

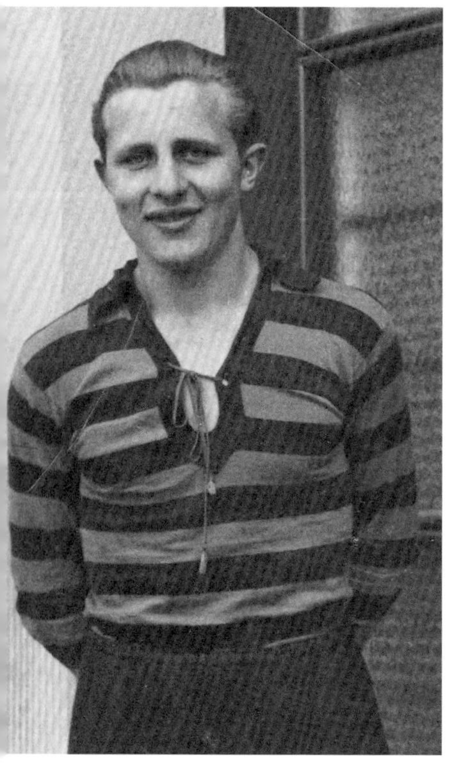

Schang Löring als junger Kicker im Bayenthaler SV-Trikot.

Sie waren inzwischen an der Bernhardstraße angekommen. „Danke nochmal, Hans", sagte Hermann. Ihm fiel wieder sein Geheimfach ein. Ein kleines Stück Schokolade hatte er noch. Das hielt er dem großen Jungen hin. „Hier." – „Du schuldest mir nix", wehrte der Schang ab und schüttelte den Kopf. „Wo bist du morgen?" – „Na, wo schon. Fußball gucken. Der FC Süd spillt jäje Schwarz-Wieß. Mer fahre noh Beckendorf. Ävver der Wagen es alld voll." – Hermann schüttelte den Kopf. Es war ihm peinlich: „Ich kann sowieso nicht. Muss in die Kirche." Bei dem Gedanken daran, mit aufgeschlagenen Knien in der Bank zu beten oder wenigstens so zu tun, als ob, schüttelte er sich. Aber Schang lachte nicht. „Dat es och jot, dann kannste nohm Herrjott beten, dat se jewenne. Mondach ben ich om Platz an der Schönhauser Stroß. Kumm vorbei. Tschüss, Menn!"

✂

Der Schang war nicht allein. Hermann blieb stehen und überlegte, ob er nicht besser kehrtmachen sollte. Die Jungen, mit denen sein neuer Freund auf dem schäbigen kleinen Aschenplatz an der Schönhauser Straße Fußball spielte, waren alle ungefähr so alt wie der Schang und auch ungefähr so groß. Bis auf einen, der deutlich kleiner war, doch dafür wieselflink auf seinen dünnen Beinen. Und wie sie mit dem Ball umgehen konnten! Er wollte sich gerade umdrehen, als der Ball in seine Richtung rollte. Genau auf ihn zu. „Menn!", hörte er die Stimme vom Schang. Der winkte ihn heran. Hermann nahm den Ball in beide Hände. Die Kugel bestand aus Lederstücken, die an den Kanten abgewetzt waren. Sie war hart und vor allem schwer. Zögernd und etwas ängstlich ging er auf die Gruppe zu. Die anderen Jungen musterten ihn. „Kumm, spill dä Ball", sagte einer von ihnen. Hermann verstand nicht recht. Mit seinen Sandalen hätte er wohl kaum gegen diesen Ball treten können. Also warf er ihn mit aller Kraft in Richtung der Jungen, die ihn dabei nicht aus den Augen ließen. Nach einer kurzen Flugkurve plumpste der Ball einige Meter vor ihnen auf und blieb liegen. Sie lachten, und Hermann blieb verlegen stehen. „Menn, dat du jekumme bes! Klasse!" Schang strahlte. Das Veilchen unter dem linken Auge seines Freundes bemerkte Hermann erst jetzt und erschrak: „War das der Kulle-Franz?" – „Halb so wild. Du solltest den mal sehen. Zwei Zähne weg. Und die beiden anderen erst!" Hermann schwieg verlegen. Eigentlich war das seine Schuld. Die anderen Jungen spielten weiter Fußball. Der Ball holperte über den fast schwarzen Boden. Es gab hier noch Bombenkrater. Genau genommen war es auch nur ein halber Platz, die andere Hälfte war in einem noch schlimmeren Zustand und bestand praktisch nur aus Kratern und Dreckhaufen. Vom Rhein her hörte man leise das Tuckern eines Kahns, der stromaufwärts fuhr. „Schang, wat es, kumm endlich. Loss dä Klein. Dä kann doch nix", rief einer herüber. Schang machte eine abwehrende Armbewegung. „Willste ja nit wesse, wie et wor?" Er wartete gar keine Antwort ab, sondern erzählte aufgeregt von der Gründungsversammlung im Kasino der Bamag. Die hatte er aus einem Versteck heraus in der Küche hinter dem großen Saal verfolgen können. Kinder hatten sonst keinen Zutritt. Fast ehrfürchtig sprach er immer wieder den Vereinsnamen aus: „S.C. Fortuna Köln!" Das höre sich doch viel besser an als FC Süd. „Und sie haben ein F auf dem Trikot! Das haben sie schon in Bickendorf getragen", erzählte er. Einer, der mit ihm das erste Spiel der Fortuna verfolgt hatte, war sich sicher, dass die Frauen und Freundinnen der Spieler noch in der Nacht die Buchstaben auf die gelben Hemden genäht hätten. Dann wurde Schang etwas leiser und zuckte mit den Schultern. „Naja. Se han verlore: 1:0. Ävver jot jespillt!"

Sie setzten sich auf einen der Schotterhaufen, mit denen der Platz repariert werden sollte. An vielen Stellen hatte er noch Löcher und Senken. Dort waren im Krieg Granaten explodiert. Jahrelang hatte sich keiner darum gekümmert, den Platz wieder zum Fußballspielen herzurichten. Es gab so vieles, das wichtiger war. Auch das Straßenbahndepot an der Nordseite des Platzes war noch halb zerstört.

Sie schauten den anderen beim Spielen zu. Immer wieder machte Schang eine Handbewegung, wenn die anderen herüberschauten. Sie verstanden nicht, dass er nicht mitspielte, nutzte er doch sonst jede Gelegenheit, gegen einen Ball, eine leere Konservendose oder auch nur gegen einen Kieselstein zu treten und sich dabei mit anderen zu messen. Aber in diesem Moment wollte Schang einfach nur jemandem davon erzählen, wie er die Geburtsstunde eines neuen Fußballvereins erlebt hatte. Und Hermann war ein guter Zuhörer.

Schang hatte Glück gehabt. Er hatte sich unbemerkt in die Küche des Kantinensaals der Bamag schmuggeln können. Dort hockte er hinter einem wuchtigen Kühlbüffet, das aber nicht eingeschaltet war. Durch die Glasscheiben konnte er fast den gesamten Saal sehen. Die Kantine der Bamag war voller Menschen, fast nur Männer. Alle schienen durcheinander zu sprechen, manchmal wurde laut gelacht. Ein paar Frauen liefen mit Tabletts zwischen den Tischen herum. Es gab reichlich zu essen und zu trinken. Am liebsten wäre er aus seinem Versteck gekrochen oder hätte zumindest einem der Männer, die in der Nähe saßen, ein Zeichen gegeben. Vielleicht hätte ihm ja jemand eine Schnitte Brot abgegeben, doch das traute er sich nicht. Er hatte sich auf einen Blecheimer gesetzt und harrte in geduckter Haltung, bis ihm der Rücken schmerzte. An der Stirnwand des Raums unter einer großen Uhr saß ein halbes Dutzend Männer an einem langen Tisch. Sie trugen Hemden und die meisten auch Krawatten. Ein paar von ihnen rauchten Zigarren. Sie blickten die anderen Männer an, die an Tischen saßen, die jeweils längs zur Stirnwand aufgestellt waren. Von denen trug kaum jemand Krawatte. Eine Glocke wurde geläutet, erst einmal und kurz darauf ein zweites Mal. Es wurde fast ganz ruhig, nur ein paar Stühle wurden noch gerückt. Dann wurde geredet, viel geredet. Nacheinander sprachen die Vorsitzenden der Clubs. Schang verstand nicht alles. Sie sprachen von Generalversammlungen und von Zustimmung, Lizenzspielern, von der Rheinbezirksliga. Immer wieder klatschten die Männer oder schlugen mit der flachen Hand auf die Tischplatte. Irgendwann stand in der Mitte des Saales ein hochgewachsener Mann auf. Während er sprach, machte er ausladende Bewegungen und wandte sich nach allen Richtungen um. Er fesselte sein Publikum, und als er auch noch sein Bierglas hob und seine Rede mit den Worten schloss: „Und deshalb kann es keinen besseren Namen geben als S.C. Fortuna Köln!", jubelten seine Zuhörer. In den Beifall mischten sich polternde Geräusche, weil Stühle umkippten, als die meisten Männer aufstanden und klatschten. Schang hätte in seinem Versteck am liebsten mitgeklatscht. So also sollte der neue Verein heißen. Er sah sich bereits im Trikot dieser Fortuna auflaufen. Immerhin spielte er ja schon beim Bayenthaler SV, einem der drei Clubs, die es nun ja nicht mehr gab.

In seinem Versteck war es allmählich kalt geworden. Es musste auch schon spät sein. Langsam schlich er sich zum Ausgang. An der Tür standen zwei der Frauen. Sie unterhielten sich mit einem Mann und rauchten. Schang war so schnell zwischen ihnen hindurch und in Richtung Fabriktor gelaufen, dass ihm die Erwachsenen nur noch erstaunt etwas hinterher rufen konnten, was er schon gar nicht mehr verstand. Bis zur Koblenzer Straße war es nicht weit. Er schlug den Kragen seiner Jacke hoch. Es war stockfinster. Dass ihm drei Gestalten folgten, eine größere und zwei kleinere, bemerkte er deshalb zunächst nicht.

✂

„Aber Hermann, das ist doch kein Umgang für dich. Und du kannst doch überhaupt nicht Fußball spielen.“ Ingrid Becker nahm ihren Sohn in die Arme und strich ihm über das Haar. Sie nannte ihn nie „Menn“. In ihren Ohren klang das nicht fein genug. Hermann schluchzte leise. „Aber der Schang ist doch mein Freund“, sagte er verzagt. „Wieso sollte er sich denn mit einem viel Jüngeren abgeben? Es gibt doch bestimmt andere Jungen in deinem Alter.“ Ingrid Becker drückte Hermann an sich und wiegte hin und her. Sie wusste, dass sie viel zu wenig Zeit für ihn hatte. Im Januar und in der ersten Februarwoche war es ganz schlimm gewesen. In ihrem Friseurladen hatten sich die Frauen die Klinke in die Hand gegeben. Viele fragten nach ungewöhnlichen Haarschnitten, um damit im Karneval aufzufallen. Jetzt war es ruhiger geworden, die Karnevalszeit war vorbei.

In vielen Wohnungen oder kleinen Sälen feierten die Menschen mittlerweile wieder Kostümbälle oder amüsierten sich mit Nachbarn und Freunden. Im Salon hatten sogar ein paar Kundinnen von den Feiern im großen Zirkuszelt am Aachener Weiher geschwärmt. Es war im vergangenen Sommer vom Circus Williams errichtet worden. Ingrid war mit Hermann einmal dorthin gegangen, um beim Aufbau zuzuschauen. Ein Elefant, der mithalf, indem er schwere Balken schleppte, war die Attraktion. Wer es sich irgendwie leisten konnte, ging in die Vorstellungen oder eben zu den Karnevalsbällen, die seit Anfang des Jahres 1948 dort stattfanden. Bei manchen ihrer Kundinnen fragte sich Ingrid, wie die sich die Karten wohl hatten leisten können. Hin und wieder bekam sie aber auch selbst Einladungen zu privaten Bällen, sie war schließlich eine attraktive Frau. Aber die schlug sie aus. Sie machte sich nichts aus Karneval. Schon allein, weil ihre Handgelenke vom Toupieren und Lockenwickeln der vergangenen Wochen immer noch schmerzten. Das Geld konnte sie freilich gut gebrauchen – für sich und ihren Hermann. Wer wusste schon, wie lange sie dafür noch etwas kaufen konnte. Immer wieder wurde im Friseursalon oder in den wenigen Geschäften, wo man überhaupt etwas bekam, davon gesprochen, dass schon bald „neues Geld" kommen würde.

Seinen Vater hatte Hermann praktisch nie kennengelernt. Ein Jahr nach der Geburt seines Sohnes musste Jakob Becker zur Wehrmacht. Er war Buchhalter in einem Großhandel für Bäckereibedarf gewesen. Als Hermann drei Jahre alt war, war die Familie ein letztes Mal zusammen in der kleinen Mietwohnung in Klettenberg. Groß war sie nicht gewesen, aber sie lag in der Nähe des Beethovenparks. Zusammen träumten sie von einer großen Wohnung in einem der stolzen Häuser an der Siebengebirgsallee – wenn nur dieser verdammte Krieg endlich vorbei wäre. Doch vom Russlandfeldzug sollte Jakob Becker nicht wieder heimkehren.

Ingrid war bereits 1942 schweren Herzens zu ihren Eltern nach Bayenthal gezogen. Im Anbau des Hauses in der Bernhardstraße hatte sie immerhin ein geräumiges Zimmer, in dem durch ein Bettlaken, das an der Decke befestigt war, eine Art Schlafzimmer abgetrennt werden konnte. Nebenan befand sich die Werkstatt ihres Vaters, Karl Rassfeld. Er war Instrumentenbauer. Hauptsächlich reparierte er Trompeten oder Posaunen. Das Geschäft war schon seit 1933 immer schwieriger geworden. Unter Karl Rassfelds Kunden waren viele Jazzmusiker gewesen. Mit Beginn des Kriegs war das Geschäft praktisch zum Erliegen gekommen. Den Menschen stand der Sinn nicht mehr nach Musik. Das Leben in der Stadt wurde immer schwerer. Karl und seine Frau Agnes kümmerten sich die meiste Zeit um den Enkel. Wenn Karl Rassfeld den kleinen Hermann auf dem Schoß hatte, summte er manchmal die Melodie von Benny Goodmans „Sing, Sing, Sing" statt „Hoppe, hoppe Reiter". Warum Großmutter Agnes deswegen jedes Mal böse wurde, verstand Hermann erst sehr viel später.

Ingrid Becker arbeitete bis zum Kriegsende als Schwesternhelferin im St.-Antonius-Hospital. Ein Jahr später konnte sie endlich wieder in ihrem erlernten Beruf als Friseurin arbeiten. Der Salon befand sich in der Goltsteinstraße, kaum fünf Minuten von ihrer Wohnung entfernt.

„Er will Vertragsfußballer werden, der Schang", erzählte Hermann. „Der Schang, der Schang … An dem scheinst du ja einen Narren gefressen zu haben. Aber er geht doch sicher auch noch in die Schule?" – „Ja, sogar aufs Gymnasium, aber es gefällt ihm da

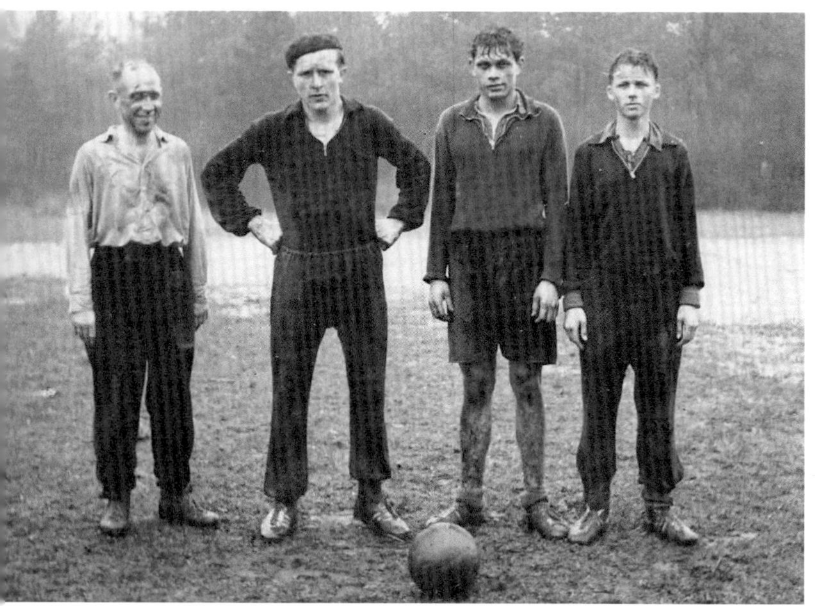

Als Fußball noch dreckig war … Schang Löring (2. v. l.) mit Freunden.

nicht so gut. Er will lieber Elektriker lernen, er könnte dann besser trainieren." Ingrid Becker tippte Hermann an die Nasenspitze. „Na, komm mir nicht auf dumme Gedanken. Du gehst brav in die Volksschule. Und wenn du einen Beruf erlernen willst, dann musst du auch fleißig sein." – „Der Schang hat sogar richtige Fußballschuhe. Dafür hat er ein Akkordeon eingetauscht." Ingrid Becker küsste Hermann auf die Stirn und seufzte: „Da haben sich wohl zwei Verrückte gefunden. Na gut, dann bring ihn doch mal mit nach Hause, den Schang."

Das Fußballspielen hatte Hermann schon nach dem ersten Versuch auf dem holprigen Platz an der Schönhauser Straße aufgegeben. Was er auch versuchte, Schang und die anderen Jungen waren immer schneller und gewandter. Als sie dabei auch noch über ihn lachten, wurde er richtig wütend. Da lachten sie noch mehr. Irgendwann hatten sie ein Einsehen und schickten ihn ins Tor. Dabei schlug er sich Knie und Hände auf. Den Ball erwischte er dennoch selten. Genauer gesagt, nur einmal. Der scharf geschossene Ball, der ihn mitten ins Gesicht traf, bedeutete aber zugleich das Ende seiner Fußballkarriere. Er blutete an der Stirn und aus der Nase und weinte. Einer der Jungen meinte: „Jo, dat deit wieh, wenn mer et Gereihte avkritt." Das Gereihte war die Schlussnaht am Lederball. Fast jeder Fußballer fürchtete, beim Kopfball den Ball an genau dieser Stelle zu treffen. Bei Hermann war es umgekehrt gewesen. Nicht er hatte den Ball getroffen, sondern die Lederkugel ihn. Und er hatte sie noch nicht einmal kommen sehen.

Zwei Jungen begleiteten ihn in die Goltsteinstraße, wo die Mutter im Friseursalon von Kurt Krings arbeitete. Ingrid Becker erschrak, als sie ihren Hermann mit blutverschmiertem Gesicht und aufgeschlagenen Knien sah. Sie setzte ihn auf einen der Stühle neben wartende Kundinnen, die besorgt dreinblickten. Ingrid Beckers Chef kam hinzu: „Haben wir hier jetzt ein Lazarett?", fragte Kurt Krings streng. Aber die Frauen mischten sich ein: „Der arme Junge, hat sich beim Fußball verletzt. Herr Krings, haben Sie nicht früher auch mal gespielt? Haben Sie doch ein Herz." Kurt Krings lächelte schon wieder „Sicher, sicher, die Damen", und zu Hermann gewandt: „Wie ist es denn passiert?" – „Hab mit ein paar Großen gespielt. Einer ist sogar bei Fortuna", schniefte Hermann. „Fortuna! Jo. Die han ich praktisch mitbegründet. Ich wor jo bei de Victoria. Vürm Kreech", erklärte er stolz. Tatsächlich meinte er den Ersten Weltkrieg, aus dem er eine schwere Beinverletzung mitgebracht hatte. Er hinkte leicht. Krings war Mitte fünfzig und ledig. Ob es eine Frau in seinem Leben gab, wusste niemand. Seinen Beruf übte er mit großer Leidenschaft aus. Wegen der alten Verletzung war er während des Zweiten Weltkriegs von einer Einberufung verschont geblieben und hatte den Salon sogar bis zum „1000-Bomber-Angriff" im Mai 1942 offen halten können.

Er tätschelte Hermann väterlich den Scheitel. „Fräulein Gisela, komm doch mal", kommandierte er das Lehrmädchen her. Fräulein Gisela tupfte ihm vorsichtig die Wunde sauber. Dann nahm sie einen Rasierstift, um die Blutung zu stillen. Es brannte höllisch. Mit einem dicken Pflaster auf der Stirn durfte er danach im Salon sitzenbleiben. Eine der Damen schenkte ihm ein Veilchenpastillchen. Das schmeckte scheußlich, aber er versuchte, freundlich zu lächeln. „Du bist aber tapfer, das tut sicher sehr weh", sagte die fremde Frau. Als sie an der Reihe war, spuckte Hermann die Pastille unauffällig in seine Hand und ließ sie in der Hosentasche verschwinden. Er betrachtete eine dünne Zeitschrift, die auf einem kleinen Tischchen neben ihm lag. Auf dem Titel war die Zeichnung einer Frau mit Lockenfrisur zu sehen. Sie war wunderschön.

Seine Mutter verbot ihm das Fußballspielen, was eigentlich nicht mehr nötig war. Er hatte keine Lust mehr, den anderen hinterherzurennen und dafür auch noch ausgelacht zu werden. Ab und zu ging er aber zum Zuschauen zur Schönhauser Straße. Im Frühjahr 1949 wurde der Platz endlich komplett freigeräumt und die tiefen Löcher und Sandhaufen auf der einen Hälfte des Platzes verschwanden. Er schaute vom Zaun aus den zwei Dutzend freiwilligen Arbeitern zu, die sich mit Schaufeln und einem kleinen Bagger zu schaffen machten. Neben ihm standen zwei ältere Herren. „Lur, die drei dohinge", sagte einer und deutete in Richtung des Tores, das dem Rheinufer am nächsten lag, „die spille bei der Fortuna. Dä Große es dä Remsky und dä andere dä Günter Hartz. Dä Schwazze es der Pepi Bretterbauer. Dat wor immer ne jode Keeper. Schon bei der Victoria." – „War die Victoria eigentlich gut?", fragte Hermann. „Jung, die waren sogar Gaumeister", erwiderte einer der Männer mit Stolz. Der andere stieß ihn in die Seite und sagte unwirsch: „Ach, hör auf. Das war im Krieg, 1943. Das waren andere Zeiten. Seien wir froh, dass die jetzt vorbei sind."

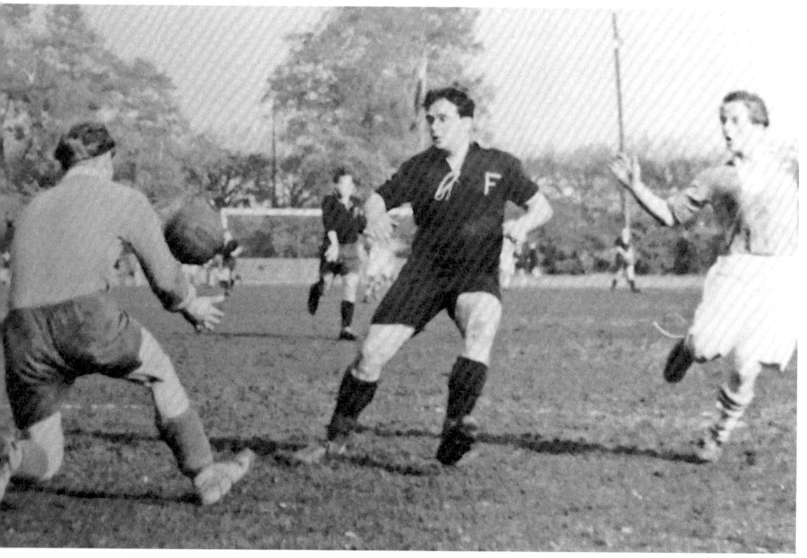

Günter Hartz 1948 bei einem der ersten Spiele des neugegründeten S. C. Fortuna.

Die neuformierte Fortuna-Mannschaft hatte in der ersten Zeit im Nachbarstadtteil Marienburg auf einem Sportplatz gespielt. Jetzt hatte sie endlich eine Heimspiel-Stätte. Der Platz an der Schönhauser Straße war bis in die Kriegsjahre die Anlage des Sparkassensportvereins gewesen, der zu den drei Fusionsmannschaften gehörte. Der S.C. Fortuna Köln spielte noch immer in der Rheinbezirksliga. Schang ärgerte sich darüber, er hatte so sehr gehofft, dass der Verein, den er so liebte, sofort in die Oberliga aufsteigen würde. Dass das nun ausgerechnet dem neuen Nachbarverein gelang, der aus Sülz 07 hervorgegangen war, wurmte ihn noch mehr. Hermann war es eigentlich egal. So wichtig war ihm der Fußball nicht.

Dass Schang trotzdem sein Freund blieb, hatte einen anderen Grund. Schang, der schon Mitglied im Bayenthaler Sportverein gewesen war, spielte inzwischen in der Jugend des neuen Südstadtvereins. Die Spiele fanden fast immer sonntags statt, immer dann, wenn Schang eigentlich zur Heiligen Messe gehen sollte. Darin waren seine Eltern streng. Hermann ging dagegen sogar recht gern zur Messe. Weil die Kirchen in Bayenthal und Raderberg zerstört waren, besuchten die Menschen eine Notkirche im St.-Antonius-Hospital, das erstaunlicherweise kaum beschädigt worden war – abgesehen von zahlreichen zerbrochenen Fensterscheiben. Dort roch es immer ein bisschen nach Chloroform. Hermann mochte das.

So schmiedeten sie einen Plan. Hermann musste sich merken, worüber der Pastor gepredigt hatte und welche Farbe sein Umhang hatte. Nach der Kirche trafen sich beide am Sportplatz. Hermann berichtete, was er gehört hatte, auch wenn er manches gar nicht richtig verstand. Schang war das egal. Er reimte sich einfach etwas zusammen. Ein paar Wochen lang ging das gut, bis Schangs Eltern entgegen ihrer Gewohnheit auch einmal in den Frühgottesdienst kamen und sofort bemerkten, dass ihr Herr Sohn nicht da war. Als er dann zu Hause am Mittagstisch fröhlich von der Predigt des Pastors erzählte, fragte der Vater ihn anschließend, wie denn das Fußballspiel ausgegangen sei. Schang lief rot an. Er sagte kleinlaut: „Mer han jewunne. Ich han drei Tore geschossen." Und das war dann nicht gelogen.

Im Frühjahr 1949 war es endlich so weit. Hermann und Schang konnten zum ersten Mal zusammen ein Spiel des S.C. Fortuna sehen. In Bayenthal, Zollstock und Raderthal war die Platzeinweihung seit Tagen Thema Nummer eins. Einige tausend Menschen standen dicht gedrängt um den Platz an der Schönhauser Straße. Es war ungewöhnlich heiß für den April und der Wind trieb Staubwolken über den Platz. Fortuna trat gegen Preußen Dellbrück an. „Die sind gut", hatte Schang vorher erklärt, was noch stark untertrieben war. Hermann kam es vor, als ob die in schwarz-weiß-gestreiften Trikots spielenden Dellbrücker mindestens zwei Mann mehr auf dem Platz hätten. Um ihn herum schimpften die Männer immer lauter. Auch Schang rief immer wieder über den Platz: „Decken, Decken!" oder „Pass! Pass!" – Befehle, die Hermann nicht gleich verstand. Die gelb-schwarzen Fortunen hatten keine Chance. Am Ende waren sie schlimm geschlagen. „Sibbe Null! Dat gitt et doch gar nit!", schimpfte ein Mann neben ihnen. Er war völlig außer sich.

Auf dem Heimweg sagte Schang anerkennend: „Dellbröck, dat is ne jode Verein. Dat sin Profis!" Die Preußen von der anderen Rheinseite und der 1. FC Köln aus Sülz wurden allmählich zu den erfolgreichsten Mannschaften in der Stadt. Überall, auch in Bayenthal und Zollstock, sprachen die Menschen darüber. Der S.C. Fortuna stieg dagegen im Mai 1951 aus der zweiten Division West in die Landesliga Mittelrhein ab.

Noch bevor Schang 18 Jahre alt war, durfte er schon in der Seniorenmannschaft mitspielen. Er schoss für die Fortuna Tor um Tor. Hermann wartete Woche für Woche gespannt darauf, von welchen Heldentaten ihm sein Freund berichten würde. Aber zur Meisterschaft in der Landesliga reichte es trotzdem nicht.

Sie saßen am Rheinufer und schauten den Arbeitern an der Brücke bei Rodenkirchen zu. Schang war aufgekratzt. Er hatte am Abend vorher einen Boxkampf gesehen. Es ging um die Deutsche Meisterschaft im Mittelgewicht zwischen dem jungen Kölner Peter Müller und Hans Stretz. Mit einigen gleichaltrigen Freunden hatte er sich zum Eisstadion aufgemacht. Sie waren an einer versteckten Stelle in einem Gebüsch über den Zaun gestiegen und hatten sich einen Platz gesucht, von dem sie den hell beleuchteten Boxring gut sehen konnten, ohne selbst entdeckt zu werden. Schang liebte das Boxen. Wenn er nicht gerade Fußball spielte, trainierte er sogar manchmal in einem richtigen Boxclub. Hermann brachte dagegen überhaupt kein Verständnis dafür auf, dass Männer einfach so aufeinander einschlagen konnten. Aber an diesem Tag hatte

Schang eine wirklich verrückte Geschichte auf Lager. „Menn, wenn ich es dir doch sage. Der Müller hat den Ringrichter k.o. geschlagen!“ Schang wiederholte es bestimmt schon zum dritten Mal. Dass Peter Müller in der achten Runde dieses Boxkampfs völlig unvermittelt dem Ringrichter Heinz Pippow einen Kinnhaken versetzt hatte, stand am nächsten Tag in allen Zeitungen. „Auf einmal war der völlig verrückt geworden. Den kriegte gar keiner gebändigt!“ Schang war immer noch mächtig beeindruckt davon, was er am Abend zuvor im Eisstadion an der Lentstraße miterlebt hatte. „Der hat sogar noch Leute aus dem Ring geworfen. Dann ist er plötzlich verschwunden. Die Leute haben vielleicht geschrien.“ Hermann versuchte sich das allgemeine Durcheinander vorzustellen. Obwohl er Boxen nicht mochte, beneidete er Schang ein bisschen. Solche tollen Erlebnisse hatte er nicht zu erzählen. Sie schwiegen eine Weile.

„Nach der Saison gehe ich zu Preußen Dellbrück“, sagte Schang plötzlich. „Mann, ist das hoch“, bemerkte Hermann, blickte zu den Pylonen und tat so, als hätte er gar nichts mitbekommen. „60 Meter“, sagte Schang und stieß Hermann in die Seite. „Interessiert dich das gar nicht? Das ist Oberliga West!“ – „Doch, doch“, sagte Hermann nachdenklich, „aber was wird dann aus der Fortuna?“ – „Das wird weitergehen. Ich gehe bestimmt ab und zu dahin.“ – „Aber wenn du doch in Dellbrück bist …“, wandte Hermann ein. Es war ihm fast so, als hätte ihm Schang die Freundschaft gekündigt. Er wusste nicht einmal genau, wo dieses Dellbrück überhaupt war. Weit weg jedenfalls, irgendwo auf der anderen Rheinseite. Sie sahen sich ohnehin nur noch selten. Schang lebte fast nur noch für den Fußball.

Hermann verfolgte die Karriere des Freundes trotzdem voller Stolz. Bei Preußen Dellbrück schoss er aber nicht mehr so viele Tore. Er musste in der Abwehr spielen.

Auch Hermann traf eine Entscheidung. Mit 15 verließ er das Gymnasium. „Ich will Friseur werden, wie du. Dann verdiene ich auch Geld. Und du musst dann nicht mehr so viel arbeiten“, erklärte er seiner Mutter. Anders als die Eltern seines Freundes war Ingrid Becker einverstanden, dass er die Schule beendete. Bei den Lörings hatte es dagegen seinerzeit ein ziemliches Donnerwetter gegeben, als Hans mit 15 das Gymnasium schmiss. Aber bald waren sie dann doch überzeugt, dass ihr Sohn sich als Elektro-Handwerker wohler fühlte, als wenn er sich länger mit Latein und Algebra hätte herumschlagen müssen. Hermanns Mutter ging es nicht um das Geld. Sie kam mit der Kriegerwitwenrente und dem, was sie im Salon verdiente, irgendwie über die Runden. Aber schon länger hatte sie beobachtet, dass ihr Junge Talent für den Beruf zu haben schien. „Das ist bestimmt das Richtige für dich", stimmte sie daher zu.

Im Salon Krings an der Goltsteinstraße, in dem seine Mutter arbeitete, hatte sich Hermann schon seit einiger Zeit immer am Feierabend ein bisschen Taschengeld verdient. Seit dem Malheur auf dem Fußballplatz hatte er bei Meister Krings einen Stein im Brett. Hermann durfte den Boden fegen und die Spiegel putzen. Besonders gern räumte er die Modezeitschriften in der Warteecke auf. „So, der Herr, Feierabend!", sagte die Mutter oft, wenn er wieder einmal beim Betrachten der vielen Bilder die Zeit vergessen hatte.

Einmal ließ ihn seine Mutter für kurze Zeit alleine im Laden, um eine Besorgung zu machen. Sie ließ Hermann die Ladentür von innen abschließen und er musste versprechen, niemandem zu öffnen. Als sie zurückkehrte und gerade an der Glastür zum Salon klopfen wollte, erblickte sie Hermann durch die Scheibe. Er hatte ihren Kittel an und hielt einen der hellblauen Frisierumhänge in der Hand. Den schwang er nun mit einer eleganten Bewegung über einen leeren Friseurstuhl, als ob er das schon oft gemacht hätte. Dann vollführte er weitere ausladende Gesten und tat dabei so, als ob jemand in dem Stuhl säße. Mit beiden Händen strich er über einen nicht vorhandenen Kopf, formte dabei eine schwungvolle Frisur. Ingrid trat einen Schritt zurück, um nicht entdeckt zu werden. Durch die geschlossene Türe konnte Ingrid Becker nichts hören, doch sie sah, wie Hermann den Mund bewegte, als würde er sich mit der Person im Stuhl unterhalten. Den Blick hatte er dabei immer auf das Spiegelbild gerichtet, und er lächelte die ganze Zeit, während seine Hände die Konturen des unsichtbaren Kopfes unablässig weiter umspielten. Dann zog er einen Kamm aus der Kitteltasche und tat so, als würde er Haare toupieren. Als er damit fertig war, griff er zu einem Handspiegel, bewegte ihn hinter dem Stuhl ein wenig hin und her. Er sprach dabei und nickte immer wieder lächelnd mit dem Kopf. Ingrid Becker hatte Tränen in den Augen, als sie vorsichtig an die Glastür klopfte.

Bei Friseurmeister Kurt Krings war keine Lehrstelle zu bekommen. Sonderlich groß war der Salon nicht, und er hatte bereits ein weiteres Lehrmädchen angestellt. Aber er gab Hermann eine

Empfehlung mit, sich in einem Salon in der Innenstadt vorzustellen. Der Salon Karolus war schon vor dem Krieg eine bekannte Adresse gewesen. Es gab eine Damen- und eine Herrenabteilung. Die männlichen Kunden übernahm meist der Chef, Anton Karolus. Hermann durfte anfangs nur fegen und aufräumen. Aber der Chef war freundlich. Jeden Montagmorgen fachsimpelten sie als erstes über Fußball. Karolus war Anhänger des 1. FC und schwärmte vor allem für dessen Stürmer Schäfer: „Pass op, mit däm weede mer Weltmeister", prophezeite er im Mai 1954. Der 1. FC war Meister und Hans Schäfer wieder einmal Torschützenkönig der Oberliga-West geworden. Hermann interessierte sich dagegen mehr dafür, was sein Freund Schang bei Preußen Dellbrück anstellte. Er spielte auch in der Oberliga West, aber zum Nationalspieler wurde er nicht. Vielleicht auch, weil die Preußen nicht gut abgeschnitten hatten am Ende der Saison. Um den Chef ein bisschen zu ärgern, entgegnete Hermann: „Wenn der Herberger den Schang Löring mitgenommen hätte, vielleicht. Aber so haben die keine Chance." Karolus lachte: „Wollen wir wetten?" Das traute sich Hermann aber dann doch nicht.

Selber Haare schneiden und frisieren lernte er zunächst nur an den Ausbildungstagen in der Friseurinnung. Es machte ihm nichts aus, dass in der ersten Zeit nur an einem Modellkopf gearbeitet wurde. Er liebte das, vor allem, mit anderen Lehrlingen zusammen zu lernen. Sie zeigten sich dann gegenseitig Kniffe und Tricks. Herrenfrisuren im Salon zu schneiden, war dagegen ein bisschen langweilig. Die meisten Kunden wollten sowieso lieber „vom Chef" und nicht „vom jungen Herrn Becker" bedient werden. Mit dem konnten sie besser über Politik oder das Stadtgeschehen diskutieren, während sie einen neuen Fassonschnitt bekamen. Wenn Hermann mal zuschauen durfte, hörte er sie meist schimpfen über die vielen Baustellen und die neuen Gebäude, die an vielen Stellen in der Innenstadt errichtet wurden. Köln, wie sie es vor dem Krieg gekannt hatten, würde nicht wiederkommen. Über die pompösen Bauten der Gerling-Versicherung im Friesenviertel wurde besonders gelästert. Was „dä Adolf" nicht geschafft habe, das ließe jetzt „der Gerling" mitten in die Stadt setzen. Auch die neue Oper löste wenig Begeisterung aus. „Wie ein Schraubstock" sähe das Gebäude aus. Dabei sei das alte Opernhaus am Rudolfplatz noch richtig prachtvoll gewesen. Der alte Karolus widersprach nie, sondern nickte stets dazu oder sagte: „Ganz Ihrer Meinung, ganz Ihrer Meinung …“, sogar wenn seine Kunden über die Musik schimpften, die im Radio zu hören war, „dä Roggen-Rohl und dä janze Quatsch!“ Dabei wusste Hermann ganz genau, dass sein Chef Rock'n Roll sogar sehr gerne hörte. Und auch die neue Frisurenmode war nach seinem Geschmack. Als er das aber mal launig bemerkte, machte Frau Karolus eine ziemliche Szene: „Untersteh' dich, mit so einer Schmalztolle herumzulaufen. Du bist doch kein Halbstarker!“

Frau Karolus hatte ein gewöhnungsbedürftiges Naturell. Sie behielt sich immer vor, die Haarschnitte ihrer Kundinnen penibel zu begutachten, ehe sie den Salon verließen. Wenn auch nur eine Strähne nicht an ihrem Platz war, schnippte sie mit dem Finger und ließ die Angestellten antanzen. Der Wechsel ihres Mienenspiels, wenn sie mit den Kundinnen sprach und sich anschließend zur Mitarbeiterin wandte, war ein Schauspiel für sich. Hermann mochte die Arbeit in der Damenabteilung trotzdem. Es roch besser, und es war viel interessanter, den Angestellten und der Chefin beim Schneiden zuzuschauen. Und was war gegen Perfektion einzuwenden? Schon bald durfte auch er sein Können zeigen.

Als er seine Ausbildung im Sommer 1956 beendete, war er im Salon der Spezialist für das Ondulieren. Die Chefin und die anderen Angestellten mochten die heißen Eisen, mit denen Locken gelegt wurden, schon lange nicht mehr anfassen. Doch während es in der Berufsschule immer noch zum Lehrplan gehörte, fragten im Salon höchstens noch ein paar ältere Damen danach. Dann rief man Hermann. Mit der Zeit fing er an, seine Kundinnen ein bisschen zu necken wegen ihrer Vorliebe für die altmodische Art des Frisierens. „Was darf es heute sein, gnädige Frau? Madame Pompadour, wie immer? Oder wollen wir vielleicht heute doch mal die Bettie Page wagen?“, begrüßte er sie mit seinem charmantesten Lächeln. „Ach, der junge Herr Becker, na, Sie sind mir ja einer“, kam es meist zurück. Böse war ihm nie jemand.

Er konnte als Geselle im Salon Karolus weiterarbeiten. Nur ab und zu ging Hermann mit anderen Friseurkollegen abends aus. Er sparte auf ein Moped. 1957 war es endlich so weit: Eine Kreidler K54 stand vor der Tür, fabrikneu und rot lackiert. Ein Wendepunkt im Leben! Endlich nicht mehr mit der Straßenbahn fahren. Es gab doch so vieles zu erkunden in der Stadt, die dabei war ihr Gesicht zu wandeln. In Ehrenfeld war ein sogenannter Supermarkt eröffnet worden. Es gab eine Seilbahn über den Rhein. Ein neuer Park erstreckte sich am Rheinufer. Das neue Schauspiel- und Opernhaus war endlich fertig. Und im Sommer war die Stadt voller Menschen, die wegen der Gartenschau oder des Katholikentages oder wegen beider Ereignisse zugleich in die Stadt kamen.

In der Pfeilstraße hatte eine Milchbar eröffnet. Am Ring gab es Tanzlokale. Mit Vorliebe ging er in das *Eiscafé Campi* am Wallrafplatz. Er liebte die Musik, die dort gespielt wurde: Jazz. Opa Karl wäre wohl auch Stammgast gewesen, aber er war schon seit einigen Jahren tot.

Wenn die jungen Friseure freitags oder samstags gemeinsam durch die Lokale zogen, herrschte stets eine Art Wettbewerb. Perfekter Haarschnitt und möglichst die neueste Mode war Pflicht. Wer darauf achtete, hatte meist auch keine Schwierigkeiten, Frauen anzusprechen. Das gehörte schließlich zum Beruf. Hermann hatte eine Vorliebe für die Musik von Chet Baker entwickelt. Ihm gefiel das hingebungsvolle, melancholische Spiel, aber auch die kühle Selbstdarstellung des Musikers, sein Image des „einsamen Wolfs". Diesen Stil versuchte er nachzuahmen.

Die Arenen von Köln

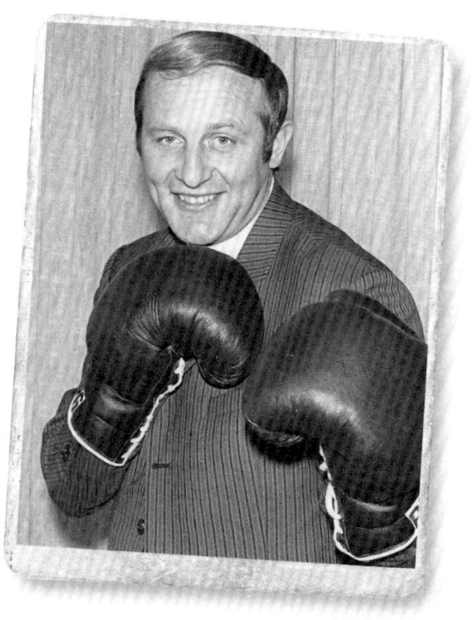

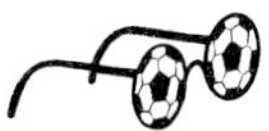

Es gab Kunden, die erkannte Hermann schon an der Art, wie sie die Tür zu seinem Laden öffneten. Einer von ihnen war Schang. Wenn der die Tür aufstieß, hatte er jedes Mal Sorge, dass das kleine Glockenspiel über der Tür Schaden nehmen könnte. Und umso erleichterter war er jedes Mal, wenn kurz nach dem schrillen Scheppern der Glocke der gewohnte melodische Vierklang wieder ertönte. Dann stand Schang im Raum, meist mit offenem Trenchcoat und immer in Eile. „Menn, kannste mich grad dran nemme?", war meist die Standardfrage.

Es war ein Vormittag im Juni 1969. Hermann bediente einen Kunden, zwei weitere warteten bereits. Die Türglocke schepperte. „Tach, Schang", murmelte er ohne aufzuschauen. Mit einem Rasiermesser verpasste er gerade dem mächtigen Schnauzbart des Kunden eine saubere Kontur. Er wolle unbedingt so aussehen „wie dä Jason King". „Kein Problem", hatte Hermann ihm versichert, obwohl sein Schopf verglichen mit der Haarpracht der Fernsehfigur eher bescheiden war. Mit etwas Festiger und Föhn hatte er sein Bestes gegeben, den jungen Mann, der vielleicht Anfang zwanzig sein mochte, in ein Double von Peter Wyngarde zu verwandeln, dem Star aus der Fernsehserie „Department S". Für die nächsten zwei Stunden müsste es halten. Hoffentlich hatte er seine Verabredung direkt nach dem Friseurbesuch.

Schang war nicht alleine. Er kam in Begleitung eines Mannes, dem er eine Hand auf die Schulter gelegt hatte. Ende zwanzig mochte er sein, also etwas jünger als Hermann. Er war schlank, brauner Wildlederblouson, schwarzer Rollkragenpullover und Jeans – auf sein Äußeres schien er Wert zu legen. Sportler, das sah Hermann sofort. Als Erstes waren ihm die schon leicht ergraute Lockenfrisur und die geschwungenen, buschigen Augenbrauen aufgefallen. Trotz der grauen Haare wirkte er nicht älter. Ehe er überlegen konnte, wo er den Mann schon einmal gesehen haben könnte, sagte Schang: „Hermann, darf ich vorstellen: Das ist Wolfgang Fahrian. Der spielt demnächst bei uns ihm Tor." Er hatte „Hermann" gesagt, nicht „Menn". Demnach war es also wohl kein x-beliebiger neuer Spieler, den er da mitgebracht hatte.

Die zwei älteren Männer, die auf den Stühlen neben dem Eingang darauf warteten, dass sie an die Reihe kämen, ließen die Zeitungen sinken. „Herr Fahrijahn!", sagte schließlich einer und stand auf. „Ich hab Sie vor fünf Jahren hier in Köln beim Spiel gegen den

FC gesehen!“ – „Ja, ich erinnere mich. Wir haben gewonnen, oder?“, lachte Wolfgang Fahrian, als ob ihm der überraschende 3:2-Sieg gegen den amtierenden Deutschen Meister immer noch Freude bereitete. Damals, 1964, hatte er noch für Hertha BSC gespielt. „Sie sind doch jetzt in Düsseldorf, oder?“ – „Jetzt nicht mehr. Jetzt ist er bei der richtigen Fortuna“, unterbrach Schang. „Hermann, kannste den Mann frisieren? Jetzt gleich, meine ich. Wir haben nachher Pressekonferenz.“ Die beiden Männer nickten. „Mir han Zick, oder Jupp?“ – „Ävver wenn der Herr Fahrijahn esu nett wör för e Autojramm …“ Schang hatte schon wieder die Klinke in der Hand. Er war in Eile, seinen Mercedes hatte er direkt vor dem Salon auf der Straße abgestellt. Ab und zu hörte man ein Hupen von Autofahrern, die daran vorbei mussten. „Alles klar. Herr Fahrian, in ’ner Stunde bin ich wieder hier. Menn, Tschüss.“

Hermann führte den Kunden zu einem Stuhl, legte ihm einen Friseurumhang an und wandte sich noch kurz dem Jason-King-Double zu. „Sieht klasse aus! Kannste dich überall mit sehen lassen“, log er. Er spendierte ihm noch eine kleine Probe „Pino Silvestre“ Aftershave und fertigte ihn ab, so rasch es ging.

„So, Herr Fahrian. Dauerwelle können wir uns ja sparen. Aber wir haben ja sowieso wenig Zeit“, versuchte er die Situation etwas aufzulockern. Er stand genau hinter ihm. Sie blickten sich im Spiegel an. „Ohren frei schneiden oder lieber lang lassen?“ – „Machen Sie nur“, sagte Wolfgang Fahrian, „der Herr Löring sagte mir, dass ich Ihnen absolut vertrauen kann.“ Es war nicht zu überhören, dass er ursprünglich aus Süddeutschland kam. Hermann grinste und nahm Bürste und Kamm aus der Schublade. Als er ihn näher betrachtete und einen Schnitt überlegte, fiel ihm auf, dass sein Überraschungskunde müde wirkte, fast ein wenig verkatert. „Haben Sie denn überhaupt schon etwas von Köln sehen können?“, fragte er. „Oh ja, die Ringe hat der Herr Löring mir gezeigt. Erst waren wir im *Landlord*, anschließend im *Wenzel am Ring*, und danach sind wir ins *Häschen* gefahren.“ – „Das war sicher ein abwechslungsreicher Abend.“ – „Auf jeden Fall habe ich mich schon lange nicht mehr so gut amüsiert“, sagte der neue Fortuna-Torwart. „Kennen Sie Herrn Löring schon länger?“, fragte er. Hermann strahlte: „Das sind jetzt mehr als 20 Jahre. Er ist ein echter Freund. Was er verspricht, das hält er. Ein bisschen habe ich diesen Salon hier auch ihm zu verdanken.“

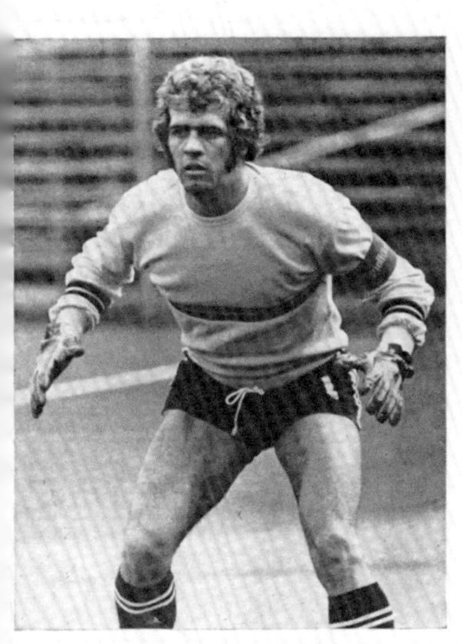

Wolfgang Fahrian mit eigener Klamotten-Kollektion.

Es war nicht nur die finanzielle Unterstützung für den Meisterbrief gewesen. Schang vermittelte auch Handwerker, wenn es um Umbauten und Installationen im „Salon Krings" ging. Den Namen hatte Hermann gern behalten und so dem Wunsch des ehemaligen Chefs entsprochen. Kurt Krings hatte von seinem wohlverdienten Ruhestand leider herzlich wenig gehabt. Eines Tages fand ihn Hermanns Mutter tot in seinem Wohnzimmer, nachdem er sich mehrere Tage nicht hatte blicken lassen.

Die Nachricht, dass der S.C. Fortuna Köln, oder besser: sein Präsident Hans Löring den zehnfachen Nationaltorhüter von den Namensvettern aus Düsseldorf geholt hatte, stand am anderen Tag in allen Zeitungen. Hermann betrachtete zufrieden die Fotos. Zumindest was die Frisur des neuen Stars anbetraf, gab es nichts zu beanstanden. Es waren noch weitere Neuzugänge vorgestellt worden: Toni Regh vom 1. FC Köln war ebenfalls ein richtiger Prominenter, zumindest in der Stadt. Meister und Pokalsieger war er mit dem Geißbock-Club geworden. Außerdem stellte Löring bei dieser Pressekonferenz Vladimir Beara, einen ehemaligen jugoslawischen Nationaltorwart, als neuen Trainer vor. Die beiden hatten einmal zusammen bei Alemannia Aachen gespielt.

Dass Leute mit solch klangvollen Namen zur Fortuna kamen, war insofern bemerkenswert, weil der Verein im Sommer 1969 erst in der dritten Saison in der Regionalliga West spielte. Doch die Kommentatoren in den Zeitungen stellten schon die Frage, wohin der Weg noch führen würde. Der Lokalrivale 1. FC, in den zwei Jahrzehnten seines Bestehens vom Erfolg ziemlich verwöhnt, hatte erst am letzten Spieltag der Saison mit einem 3:0 Sieg gegen den 1. FC Nürnberg den Abstieg verhindern können. Deutete sich da eine Wachablösung an? Hermann spürte deutlich, dass sein Freund Schang genau diesen Ehrgeiz hatte. Nachdenklich faltete er die Zeitung zusammen, als die Türglocke ertönte und vier junge Männer seinen Salon betraten. Ihnen folgte ein etwas älterer Herr, der sie zur Eile antrieb. „Na los, los, nicht so schüchtern, meine Herren!" Hermann erkannte ihn sofort, es war Vladimir Beara. Gerade hatte er ihn auf dem Foto in der Zeitung gesehen. „Herr Becker, nehme ich an", begrüßte er ihn. „Ganz recht. Was verschafft mir die Ehre, Herr Beara?" – „Herr Löring schickt mich. Oder vielleicht besser: Schicke ich Ihnen diese jungen Männer hier." Sein unverkennbarer südslawischer Akzent und seine leicht gequälte Mimik verliehen dem letzten Satz eine herablassende Ironie. „Schauen Sie, was für Haare! Bitte machen Sie wieder richtige Menschen aus ihnen. Ich zahle. Keine Sorge." Hermann betrachtete seine vier unverhofften Kunden, die nicht sonderlich gut gelaunt zu ihrem ersten Friseurtermin seit vermutlich geraumer Zeit erschienen waren. Fraglos waren sie Spieler von Fortuna. Hans Krostina, Peter Boers, Theo Roppel und Peter Staerk – so sollten sie sich später vorstellen. Hermann lächelte aufmunternd: „Das kriegen wir schon hin, meine Herren, da bin ich mir sicher. Wer will als Erster auf den Stuhl?"

Anfang der Sechzigerjahre war Schang in die Südstadt zurückgekehrt. Preußen Dellbrück, Alemannia Aachen, wieder Dellbrück, das sich später in SC Viktoria Köln umbenannt hatte – nach der Fusion mit Rapid Köln. Schang hatte den rechtsrheinischen Club aber nach schon einem Jahr wieder verlassen, um sich für seinen alten Verein zu engagieren.

Die sportliche Situation des S.C. Fortuna Köln war damals noch eine ganz andere. Bis in die Bezirksklasse war die erste Herrenmannschaft gut zehn Jahre nach ihrer Gründung abgerutscht. Von bekannten Namen, die bereit gewesen wären, das Fortuna-F auf der Brust zu tragen, konnte man nicht mal träumen. Richtig gute Spieler fanden in dieser Zeit selten den Weg zum Verein, der seine Spiele inzwischen auf einem Platz in der Nähe der Bonner Straße austrug. Es war dort aber nicht viel anders als an der Schönhauser Straße. Zwischen diesem Platz und der Hauptkampfbahn in Müngersdorf, wo der FC spielte, lagen Welten. Bei Fortuna gab es wenig zu verdienen.

Zum Glück stieg die Mannschaft schon nach zwei Jahren wieder auf. Hermann erinnerte sich gut, wie die Fortuna 1961 am Ende der Saison sieben Mal hintereinander gewann. Ein paar dieser Spiele hatte er zusammen mit Schang besucht. Besonders die hitzigen Partien der Lokalderbys gegen Rot-Weiß Zollstock waren ihm Erinnerung geblieben. Als die Zollstocker im Oktober 1960 ein Spiel mit 3:2 gewonnen hatten, musste die Polizei anrücken, weil sich einige Zuschauer prügelten. Am nächsten Tag war es *das* Gesprächsthema im Salon Krings gewesen. Ein paar Kunden freuten sich, dass die einst so ambitionierte Fortuna vom kleinen Nachbarverein eine Lektion erteilt bekommen hatte. Hermann hatte sogar ein bisschen Sorge gehabt, dass unter seinen Stammkunden darüber Freundschaften zerbrechen könnten. Das aber erwies sich als unbegründet, zumal die Fortuna wieder eine Liga höher kletterte.

Es war ein Zufall, dass Hermann wieder nach Bayenthal zurückgekehrt war, um im Salon Krings zu arbeiten. Ende der Fünfziger Jahre hatte er sich im Salon Karolus in der Innenstadt als junger Geselle einen guten Namen gemacht. Er hatte viele Stammkundinnen, die sich wünschten, von ihm in Grace Kelly, Marilyn Monroe oder Ava Gardner verwandelt zu werden. Seine Kunst bestand darin, dass er den Frauen immer Frisuren gab, die ihrem Typ entsprachen. Dass das nicht immer mit dem übereinstimmte, was die Filmstars trugen, war am Ende egal, denn Hermanns Kundinnen verließen in den allermeisten Fällen hochzufrieden den Salon. Und was noch wichtiger war: Sie kamen wieder und fragten nach ihm, dem stets gut gelaunten „jungen Herrn Becker“ mit dem akkuraten Seitenscheitel. Ein paar ältere Damen, die seine Schmeicheleien sichtlich genossen, nannten ihn sogar „Monsieur Hermann“.

Die Chefin, Josefine Karolus, inzwischen verwitwet, wusste natürlich, was sie an ihrem Hermann hatte und ließ ihn schuften. Mit der Zeit wurde ihm klar, dass er auf Dauer so nicht weiterkommen würde. Einige seiner Kollegen, mit denen er die Berufsschule besucht hatte, hatten sich schon zur Meisterprüfung angemeldet. Und sie kamen mit schicken Vespas oder Autos vorgefahren, während er immer noch seine Kreidler hatte. Josefine Karolus wiegelte jedes Mal ab, wenn Hermann das Thema anschnitt. „Aber mein lieber, guter Hermann. Sie haben doch ein gutes Auskommen hier im Salon, oder etwa nicht? Und was glauben Sie, wer sich alles die Finger danach lecken würde, hier bei Karolus arbeiten zu dürfen." Damit war das Thema für sie erledigt.

„Die macht doch den Molli mit dir, Menn. Und du lässt dir das gefallen", meinte Schang und schaute ihn ernst an. Sie saßen in der *Eule* an der Alteburger Straße. Eigentlich wollten sie Schangs Rückkehr in die Südstadt feiern. Hans Löring hatte seine Karriere als Profi-Fußballer bei Alemannia Aachen beenden müssen. Ein Knorpelschaden im Knie. Kurz vorher hatte er in Bayenthal einen Elektro- und Rohrleitungsbetrieb als alleiniger Gesellschafter übernommen. Die Geschäfte entwickelten sich gut. „Mach dinge Meister, un dann mähste dich selvständig", spornte er Hermann an. Der zögerte, schaute nachdenklich in sein Bierglas und überlegte, wie er einen neuen Anlauf bei seiner Chefin unternehmen könnte. „Ich sag dir was", nahm ihm Schang das Nachdenken ab, „morgen schmeißt du deinen Kram hin. Und wenn du was brauchst … Ich bin schließlich auch noch da." Der Köbes stellte ihnen zwei frische Bier hin. Schang ließ noch zwei Gespritzte bringen. „Und wann kaufst du dir endlich ein Auto, Menn?", fragte er feixend nach der Schnapsrunde.

Hermann war der Gedanke, von seinem Freund Geld anzunehmen, ein bisschen unangenehm. Dennoch war er ihm dankbar. Nach der Kündigung bei Karolus hatte er sich sofort auf sein Moped geklemmt und war nach Bayenthal in den Salon Krings gefahren. Der kleine Friseursalon lief schon lange nicht mehr gut. Seine Mutter sprach oft davon, dass Kurt Krings, der das Rentenalter längst erreicht hatte, womöglich den Laden schließen und sie entlassen könnte. „Tach, Herr Krings!", begrüßte er den Friseurmeister. Hermann sprach dabei etwas lauter als gewöhnlich, weil er wusste, dass der alte Herr schon ein bisschen schwerhörig war. Der saß, wie fast immer, auf einem Hocker hinter der kleinen Theke mit der Kasse und las Zeitung. Seiner Mutter, die im hinteren Teil des Salons eine ältere Kundin bediente, winkte er kurz zu. „Hermann, das ist aber eine Überraschung!" Er ließ die Zeitung sinken. „Hast du frei heute? Was macht Frau Karolus?" – „Die sitzt wahrscheinlich in ihrem Laden und heult sich die Augen aus, weil ihr bester Mann gerade gekündigt hat", rief Hermann vergnügt. „Du hast was?" Ingrid Becker stemmte die Hände in die Hüften. „Moment bitte, Frau Schnichels", sagte sie hastig zu der Frau im Friseurstuhl und kam nach vorne. „Wieso das denn? Du machst Witze. Sag, dass das nicht wahr ist!" Sie schaute Hermann fragend an. „Doch, es ist wahr und es ist mein voller Ernst. Weil ich hier einsteigen werde", sagte Hermann entschlossen. „Wir machen alles ein bisschen frisch hier. Später können wir vielleicht sogar anbauen. Nach hinten raus ist doch noch Platz, das hatten Sie doch schon immer vor, nicht wahr Herr Krings?", sagte er und tänzelte durch den Salon. Er wartete erst gar keine Antwort ab. „Alle meine Kundinnen, die kommen ganz bestimmt hierher. Die Karolus wird sich umschauen", rief er und rieb sich erwartungsvoll die Hände. „Also ich weiß nicht", schüttelte seine Mutter irritiert den Kopf. „Frau Schnichels, einen Augenblick noch, ich bin gleich wieder bei Ihnen", rief sie nach hinten. „Hast du dir das auch gut überlegt, mein Junge?", fragte sie und legte beide Arme auf seine Schultern. „Ich hab mir sogar noch mehr überlegt", antwortete Hermann. „Ich will mich für den Meister-Lehrgang anmelden. Deswegen kann ich nicht an allen Tagen im Salon sein." Jetzt schaltete sich auch Kurt Krings ein, der die ganze Zeit aufmerksam zugehört hatte: „Also, ich finde, das hört sich sehr vernünftig an, Frau Becker! Ich bin doch auch nicht mehr der Jüngste. Für den Salon wäre das sicher gut." Ingrid Becker sah ihn besorgt an. „Und wie wäre es mit einem neuen Namen? Krings' Cut vielleicht?", preschte Hermann vor. – „Ach, ihr jungen Leute mit eurem Englisch", schüttelte Kurt Krings den Kopf und verschwand durch den Seiteneingang, der zum Hausflur führte.

„Ich finde, darauf sollten wir anstoßen. Wenn ich überlege, wie groß der junge Herr Becker geworden ist. Wissen Sie noch, wie Sie damals mit dem blutigen Kopf hier reinkamen?", sagte Frau Schnichels, die mit ihren Lockenwicklern in den Haaren neugierig nach vorne gekommen war. „Natürlich, Frau Schnichels, und Sie haben sowas von recht", antwortete Hermann. „Und Ihre Veilchenpastillchen werde ich mein Lebtag nicht vergessen." In diesem Moment kehrte Kurt Krings mit zwei Flaschen Piccolo zurück, die er aus seiner Wohnung über dem Salon geholt hatte.

Schang beteiligte sich großzügig an den Kosten für den Meisterlehrgang. „Dafür komme ich ab und zu in den Laden", bestimmte er. Hermann lachte und schlug seinem Freund auf die Schulter: „Na, dann habe ich ja immer weniger zu tun", meinte er scherzhaft. Schangs Geheimratsecken waren längst nicht mehr zu übersehen.

Die Rückkehr in die Südstadt bedeutete auch die Rückkehr zum Verein. Schang konnte das Fußballspielen nicht lassen und lief gelegentlich für die zweite Mannschaft der Fortuna auf. Er war als Unternehmer erfolgreich und hatte auch für Immobilien ein gutes Händchen. Im Boxsport, den er immer noch als Hobby betrieb, versuchte er sich ein zweites Standbein aufzubauen. Er managte einige Nachwuchsboxer der Faustkämpfer Kalk.

Umso überraschter war Hermann, als ihm Schang eines Tages unvermittelt eröffnete: „Ich werde bei der Fortuna die Geschäfte übernehmen. So kann das ja nicht weitergehen." Hermann, der sich grade um Schangs lang gewordene Haarsträhnen kümmerte, schaute verblüfft auf. „Hast du dir das gut überlegt? Ich meine: das Boxen, die Firma, jetzt auch noch der Verein?" Doch er rechnete nicht mit einer Antwort. „Und pass auf, wir kommen in die Bundesliga", schob Schang nach. „Ja, ja, schon gut", sagte Hermann. „Ist dir eigentlich noch gar nichts aufgefallen?", fragte er dann erwartungsvoll. Schang grinste: „Meinst du den Meisterbrief, der da hinten hängt? Ich meine, das wurde auch langsam Zeit, leeve Menn."

Es war Sommer 1962. Die Einführung der Bundesliga war gerade erst vom Deutschen Fußballbund beschlossen worden. Sie sollte vom darauffolgenden Jahr an die Endrunde der Oberligameister ablösen. Hermann war nicht der einzige, der Schangs vollmundige Ankündigung für maßlos übertrieben hielt. Für den S.C. Fortuna, der in der Landesliga in der vierthöchsten Klasse spielte, schien das Ziel unerreichbar weit weg. Im Gegensatz zu vielen anderen, die Schang kannten, war Hermann jedoch völlig klar, dass sein Freund das vollkommen ernst gemeint hatte. Dass es gelingen würde, bezweifelte aber auch er stark.

Das Interesse des Kölner Publikums galt allerdings hauptsächlich dem 1. FC. Zu allem Überfluss wurde der Club aus Sülz im Mai 1964 Deutscher Meister, gleich in der ersten Bundesligasaison. Schang wurmte das ungemein. Ein paar Wochen nach dem Erfolg, der die ganze Stadt in einen Ausnahmezustand versetzt hatte, kam er in Hermanns Salon. „Ich spiele demnächst wieder in der ersten Mannschaft. Wir müssen raus aus der Landesliga", verriet er Hermann auf dem Frisierstuhl. „Ach Schang, lass uns ein anderes Mal vom Fußball reden." Hermann zeigte auf die Zeitung, die auf der Anrichte neben dem Friseurspiegel lag. „Attentat in Weiler-Volkhoven" lautete die Schlagzeile. Während er seinem Freund die Haare schnitt, sprach keiner von beiden ein Wort. Es kam auch

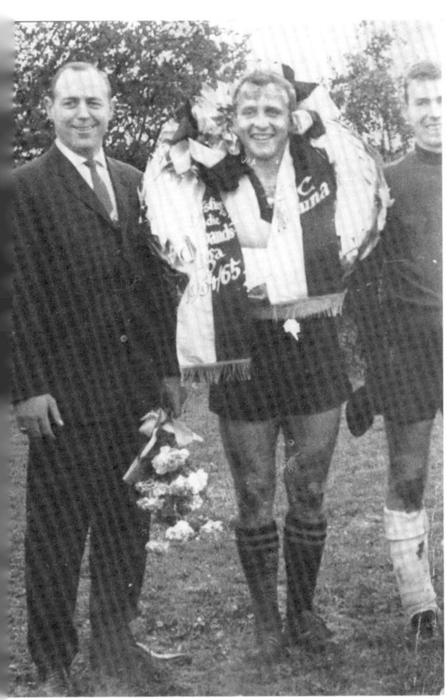

Erfolg macht sexy. Mit Schang Löring steigt die Fortuna 1965 in die Verbandsliga auf.

kein anderer Kunde in den Laden. Die Nachricht vom Attentat auf eine Grundschule im Kölner Norden hatte sich wie Blei über die ganze Stadt gelegt. Acht Kinder und eine Lehrerin hatte ein Mann getötet. Dass er sich anschließend selbst umgebracht hatte, schien niemand in der Stadt zu bedauern.

Ein Jahr nach seiner großspurigen Ankündigung hatte Schang es tatsächlich wahrgemacht. Mit ihm als Mannschaftskapitän schaffte die Fortuna den Sprung aus der Landesliga in die Verbandsliga. Das hielt ihn nicht davon ab, weiterhin für die Fortuna aufzulaufen. Zwei Jahre später, 1967, wurde wieder Aufstieg gefeiert. Die Regionalliga West war erreicht, die zweithöchste Spielklasse. Schang übernahm das Amt des Vereinspräsidenten – und spielte weiter aktiv auf dem Rasen mit. Fortuna zog um in das Stadion Radrennbahn nach Müngersdorf. Kein Vergleich mit dem Platz in Bayenthal! Ob es der ungewohnte Heimspielort war oder die Stärke der Gegner? Jedenfalls dauerte es bis zum 13. Spieltag, ehe der erste Sieg gelang. Am Ende wurde die Klasse knapp gehalten.

Hermann war oft im Stadion. Schang hatte ihm eine Dauerkarte geschenkt. Je nachdem, wie der Gegner hieß, war es leidlich voll in dem provisorischen Fußballstadion, bei dem ein Teil der alten Radrennbahn in den Kurven immer noch herausschaute. Wenn die Tribüne auch schon bessere Jahre gesehen hatte – für die Fortuna war dies, nach fast 20 Jahren auf staubigen Aschenplätzen, eine richtige Arena. Der Klassenerhalt wurde ausgelassen gefeiert. Inmitten des Trubels nahm Schang Hermann zur Seite. „Nächsten Monat kommst du mal mit zum Boxen." Hermann wollte ablehnen, doch … „Keine Widerrede, Menn!“, kommandierte Schang. Er hatte schon ein wenig Mühe, die Worte zu formen. Hermann sollte Katharina, Schangs Frau, begleiten. Die kannte er. Eine anspruchsvolle Kundin. „Ich hab keine Zeit an dem Tag, das ist ja wohl klar“, erklärte Schang. Neben seiner Fußball-Leidenschaft hatte Löring in den zurückliegenden Jahren einen kleinen Kreis talentierter Boxer um sich versammelt. Er managte sie, kümmerte sich um attraktive Kämpfe. „Pass auf, das wird der Durchbruch für den Jupp“, erklärte Schang und nahm einen kräftigen Schluck Bier. Obwohl sich Hermann überhaupt nicht für das Boxen interessierte, wusste er, dass nur Jupp Elze gemeint sein konnte. Von Kölns neuer Box-Hoffnung hatte selbst er gehört und gelesen. Sozusagen der Nachfolger von Peter Müller, von dem die Leute in der Stadt immer noch erzählten, dass er einmal einen Ringrichter auf die Bretter geschickt hatte. Elze, Deutscher Meister im Mittelgewicht, sollte endlich Europameister werden. Am 12. Juni 1968 wurde sein zweiter Titelkampf gegen den amtierenden Champion Carlos Duran aus Italien erwartet. Die Kölner Sporthalle war seit Monaten ausverkauft. Hermann würde auch dabei sein. Ganz nah am Ring. Dass dieser erste Besuch eines Boxkampfs gleichzeitig sein letzter sein würde, ahnte er nicht.

Acht Tage nach dem Kampf kam Schang in den Salon. Hermann war allein, er wollte gerade schließen. „Es ist vorbei, Menn“, sagte Schang heiser. Menn stellte das Radio ab. „Die Uniklinik hat eben angerufen. Er ist nicht wieder aufgewacht.“ Schang räusperte sich und ließ sich auf einen Friseurstuhl fallen. Er vergrub das Gesicht in den Händen, als wollte er es vermeiden, sein Spiegelbild zu sehen. Er sah fahl und eingefallen aus. Hermann nahm den leichten Schnapsgeruch wahr. Er schwieg und schloss die Tür ab. „Und jetzt?“ – „Sie haben ihn in die Gerichtsmedizin gebracht. Er soll noch mal untersucht werden. Sie vermuten, dass er gedopt hat.“ „Und – hat er?“, fragte Hermann beklommen. Es wäre eine Erklärung für das gewesen, was er und 5.000 andere Zuschauer hatten mitansehen müssen.

Die Bilder von den aufeinander eindreschenden Männern im Ring waren ihm die ganze Woche über nicht aus dem Kopf gegangen. 15 Runden hatten die beiden Schläge ausgeteilt und eingesteckt. Er hatte sich fassungslos gefragt, ob die beiden keinen Schmerz spürten. Wie das Publikum die Kämpfer im Ring noch zusätzlich antrieb und aufhetzte, hatte ihn geradezu angewidert. Auch

Schangs Frau, die neben ihm saß, war geschockt. Mehr als einmal rannte sie in den Pausen nach draußen und kam erst in der darauf folgenden zurück. Hermann sah, dass ihr Make-up um die Augen verwischt war. „Um Gottes Willen!“, hatte sie gerufen, als Elze wenige Sekunden vor dem Schlussgong reglos am Boden liegenblieb. Als er nach dem schweren Kopftreffer taumelte und schließlich zusammensackte, hatte Hermann zum ersten Mal bei diesem Kampf den Eindruck, dass ein Treffer von einem der beiden Männer überhaupt mal Wirkung zeigte. Sie zogen Elze in die Ringecke, während der Ringrichter einen Arm von Carlos Duran hochhob und ihn damit zum Sieger erklärte. Noch einmal stand Jupp Elze auf. Eigentlich wurde er eher hochgehoben. Vor dem Gegner, der schon den Siegerkranz umgehängt hatte, brach er endgültig zusammen.

Sofort brach Hektik aus. Hermann sah, dass Schang aufgesprungen war und gestikulierte. Der Ringarzt sollte sich beeilen. Der Manager war ebenfalls in den Ring geklettert, der jetzt voller Menschen war. Männer in Sportkleidung, Betreuer, Trainer und Männer in Anzügen standen hier herum. Immer wieder zuckten die Kamerablitze. Schang stand jetzt am Rand. Er hatte eine Hand in der Hosentasche, die andere hielt er vor den Mund. Er war erstarrt. Irgendwo unter der Menschentraube musste Joseph Elze am Boden liegen, er war nicht mehr zu sehen. 5.000 Menschen auf den Zuschauertribünen starrten auf den wimmelnden Boxring. Es war nahezu schlagartig still geworden in der Halle, die noch wenige Minuten zuvor ein Tollhaus gewesen war. Die Deckenbeleuchtung war inzwischen eingeschaltet worden. Die Menschentraube im Boxring öffnete sich schließlich zu einer Seite. Auf einer Trage brachten sie den reglosen Boxer hinaus. Erst zaghaft, dann immer lauter spendeten die Menschen Beifall, als Jupp Elze aus der Halle getragen wurde.

Jean Löring, der Boxmanager, saß immer noch im Friseurstuhl. Er hatte sich jetzt weggedreht vom Spiegel. „Ich weiß es nicht, möglich ist alles. Er hatte doch so viel Ehrgeiz. Von mir hat er jedenfalls nichts bekommen“, sagte er mit Nachdruck in der Stimme. Offenbar ahnte Schang, dass man ihm früher oder später diese Frage stellen würde. Der Tod des kölschen Boxchampions im Alter von nur 29 Jahren war das Ende der Managerkarriere von Jean Löring. Er konzentrierte sich von diesem Tag an wieder ganz auf sein Unternehmen – und den Fußball.

Müngersdorfer Traumwelt

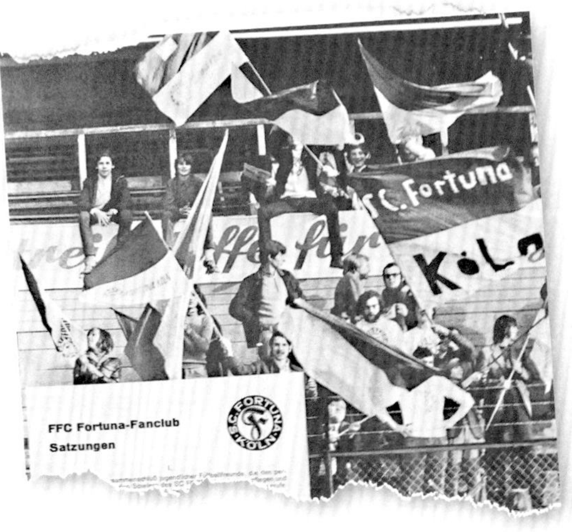

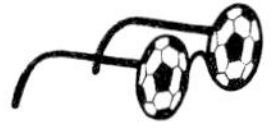

Müngersdorf war wie eine andere Welt. Endlich ein richtiges Stadion mit Tribünen statt Schuttwällen. Ein Rasenplatz und sogar Training auf Rasen. So machte selbst das Zuschauen viel mehr Spaß. Montags, wenn der Salon geschlossen war, machte Hermann hin und wieder einen kleinen Ausflug zu den Stadionvorwiesen, um der Mannschaft beim Training zuzuschauen. Ein paar Spieler kannte er inzwischen. Wolfgang Fahrian war nach seinem ersten Besuch im Salon sogar zum Stammkunden geworden. Von dem Neuzugang aus Irland, Noel Campbell, konnte man das nicht sagen. Der ließ seine rote Mähne wachsen und schien eine Abneigung gegen Friseure zu haben. Bis 1970 spielte Schang noch aktiv mit, wenn auch am Schluss seine Einsätze seltener wurden. Dann nahm er endgültig auf der Trainerbank Platz neben seinem alten Freund Ernst-Günter Habig, dem eigentlichen Trainer. Aber meist war es Schang, der lautstark versuchte, auf das Spiel Einfluss zu nehmen.

Es gab nichts im Verein, was der Präsident nicht bestimmen oder zumindest mitbestimmen wollte. Und reinreden ließ er sich schon gar nicht. Fast beiläufig erwähnte er bei einem Friseurtermin, dass er die Vereinsfarben ändern wolle. Nicht mehr Schwarz und Gelb sollte es sein, sondern Rot und Weiß. „Mir sin schließlich ne kölsche Verein", schob er immerhin erklärend nach. „Und was sagen die Mitglieder?", fragte Hermann vorsichtig, während er mit dem Rasiermesser die Nackenpartie seines Freundes bearbeitete. „Was soll ich die denn fragen?", kam es schroff zurück.

Schon beim nächsten Heimspiel war es so weit. Die Fortuna-Elf kam in Rot-Weiß aus der Umkleide. Die Fans reagierten verdutzt, schwenkten unverdrossen ihre schwarz-gelben Fahnen, aber sahen sich zum Handeln gezwungen. Unmittelbar nach dem Schlusspfiff zog eine Gruppe zum Tribünenausgang am Carl-Diem-Weg und stellte den Clubpräsidenten zur Rede. Hermann beobachtete amüsiert die ziemlich einseitige „Unterhaltung". „Das ist jetzt so. Ihr müsst euch eben neue Fahnen besorgen", verkündete Schang. „Das werden wir auch", meinte einer trotzig, nachdem der Schang sie einfach hatte stehen lassen. „Passt auf", begann er, während die Gruppe sich auf den Weg zu Straßenbahnhaltestelle machte. „An der Bundesgartenschau in Riehl hängen massenhaft rot-weiße Fahnen. Das fällt keinem auf, wenn da ein paar fehlen." Viel mehr bekam Hermann nicht mit, denn er bog Richtung Parkplatz ab.

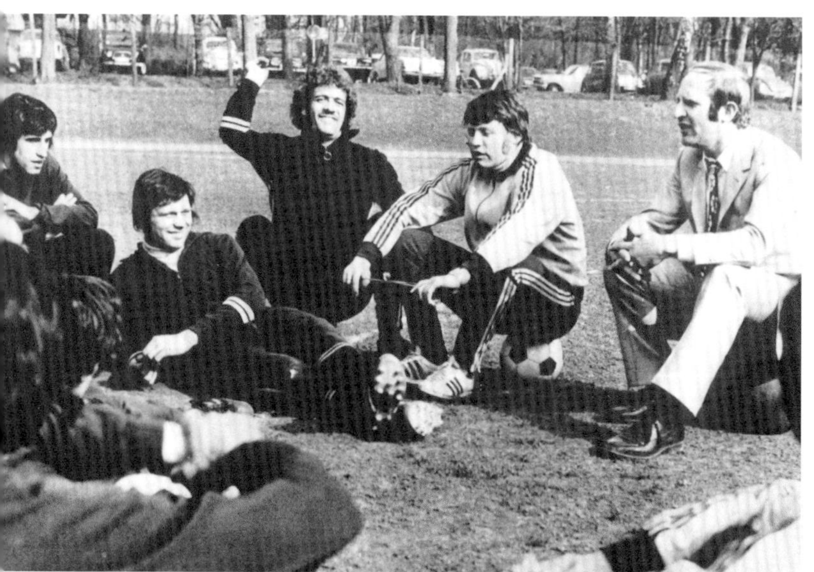

Trainingspause auf der Vorwiese des Stadions, (v.r.) Löring, Ernst-Günter Habig, Wolfgang Fahrian, Peter Nagelschmidt, Manfred Kreis.

Er hatte die Szene schon wieder vergessen, als er zum nächsten Heimspiel kam. Ein paar hatten wieder ihre schwarz-gelben Fahnen mitgebracht. Außerdem waren mehrere kleine, offenbar selbst zusammengenähte rot-weiße Fahnen zu sehen. „Wolltet ihr euch nicht neue Fahnen besorgen?", fragte er interessiert. „Hör bloß auf damit", sagte einer. „Erinner' uns bloß nicht daran", winkte ein anderer ab. „Ich glaube, sie möchten lieber nicht darüber sprechen", grinste ein dritter. Tatsächlich hatten sich einige Jugendliche nach Riehl aufgemacht, um sich im Schutz der Dunkelheit am rot-weißen Fahnenschmuck zu bedienen. Das Gelände der zweiten Kölner Bundesgartenschau 1971 befand sich auf beiden Seiten des Rheinufers. In Riehl war zwischen Zoobrücke und Mülheimer Brücke ein parkähnliches Gelände angelegt worden, in dem es ein Café und eine Art Panoramakino in einer gigantischen Kugel gab. Unmittelbar angrenzend gab es einen neuen, riesigen Rummelplatz, den Kölner Tivoli. Der Absperrzaun stellte kein großes Hindernis dar. Es schien leichter als gedacht, an die Stoffbahnen zu kommen. „Ja und plötzlich war dann de Schmier da. Keine Ahnung, wie die das mitbekommen haben", berichtete einer der Fans. „Die haben fünf Mann von uns erwischt und dann tatsächlich mit zur Wache genommen und ein Protokoll geschrieben.“ „Und da können wir froh sein, dass sie uns nicht auch noch wegen der frisierten Mofas drangekriegt haben“, maulte ein anderer. Hermann musste schmunzeln: „Naja, so schnell waren die dann ja wohl doch nicht.“

Die Zuschauerzahlen hielten sich noch in Grenzen, obwohl sich Schang buchstäblich um jeden Einzelnen bemühte. Einmal bekam Hermann mit, wie ein kleiner Junge von vielleicht acht oder zehn Jahren am Trainingsplatz vor dem Stadion die Spieler beobachtete und immer wieder losspurtete, wenn mal ein Ball über den Zaun oder die Spielfeldbegrenzung flog, um ihn wieder zurückzubringen. Er war jedes Mal voller Stolz, wenn ein Spieler dankend die Hand hob oder etwas herüberrief. Schang war ebenfalls am Platz und beobachtete die Arbeit von Ernst-Günter Habig und den Spielern. Er trug wie immer einen Trenchcoat, den Hermann noch nie zugeknöpft gesehen hatte. So machte er immer den Eindruck, als ob er nur kurz nach dem Rechten schauen wollte. Als das Training zu Ende war, rief Schang den Jungen zu sich. Der konnte kaum glauben, dass er gemeint sein sollte, kam dann aber herüber. Er wirkte ein wenig ängstlich. Schang griff in die Manteltasche. „Hier Jung. Du hast prima mitgearbeitet. Hier haste zwei Karten für das nächste Spiel.“ Der Junge strahlte und brachte erst mal kein Wort heraus. Mit großen Augen betrachtete er die Tickets und sagte schließlich: „Boah, Tribüne. Da war ich ja noch nie!“

Wer zu Fortuna ging, kam auf den Rängen schnell mit anderen ins Gespräch. Es gab die treuen Begleiter aus Bayenthal, Raderthal und Zollstock, aber auch junge Fans, die aus den unterschiedlichsten Gründen nicht den Weg zu den „Großen“ gefunden hatten – zum FC, zu den Gladbachern oder den Bayern.

Ach ja, die Bayern. Dass es zum ersten Mal richtig voll wurde im Stadion Radrennbahn, kam durch ein Glückslos im DFB-Pokal zustande. Am 4. Dezember 1971 erlebte Hermann das bis dahin größte Spiel in der Geschichte seines Lieblingsclubs. Niemand Geringeres als der FC Bayern München war zu Gast. Die Radrennbahn war mit 18.000 Besuchern gefüllt. So viele Menschen waren noch nie gekommen, um ein Fortunaspiel zu sehen. Bei den vorangegangenen Regionalligapartien gegen Erkenschwick und Schwarz-Weiß Essen waren es gerade mal 3.000 gewesen, die die Fortuna sehen wollten. Als er auf der Tribüne saß und die immer voller werdenden Zuschauerränge betrachtete, war Hermann dann auch ehrlich genug sich einzugestehen, dass die allermeisten Zuschauer ins Stadion gekommen waren, um Franz Beckenbauer, Gerd Müller, Sepp Maier und die anderen Bayern zu erleben. Selbst unter den Kölner Anhängern auf der Tribüne war vor Beginn der Partie unumstritten, dass die Bayern, der amtierende Pokalsieger, wohl gewinnen würden. Immerhin stand es zur Halbzeit nur 0:1 aus Kölner Sicht. Der erst 19-jährige Uli Hoeneß, vor der Saison aus Nürnberg nach München gewechselt, hatte kurz vor der Pause das Tor für die Bayern erzielt. Dennoch gab es einige wenige Optimisten, die prophezeiten, die mutig auftretende Fortuna könne das Blatt noch wenden. Die in Rot spielenden Bayern schienen am allerwenigsten mit weiterer Gegenwehr gerechnet zu haben. Dabei hätten sie gewarnt sein müssen, denn die Gastgeber aus Köln hatten zuvor neun Spiele nacheinander in der Regionalliga gewonnen. Das Tor zum Ausgleich von Wolfgang Glock in der 61. Minute versetzte sie in eine Art Schockstarre. Nur zwei Minuten später führte die Fortuna durch Rolf Bauerkämper. Das Stadion stand Kopf.

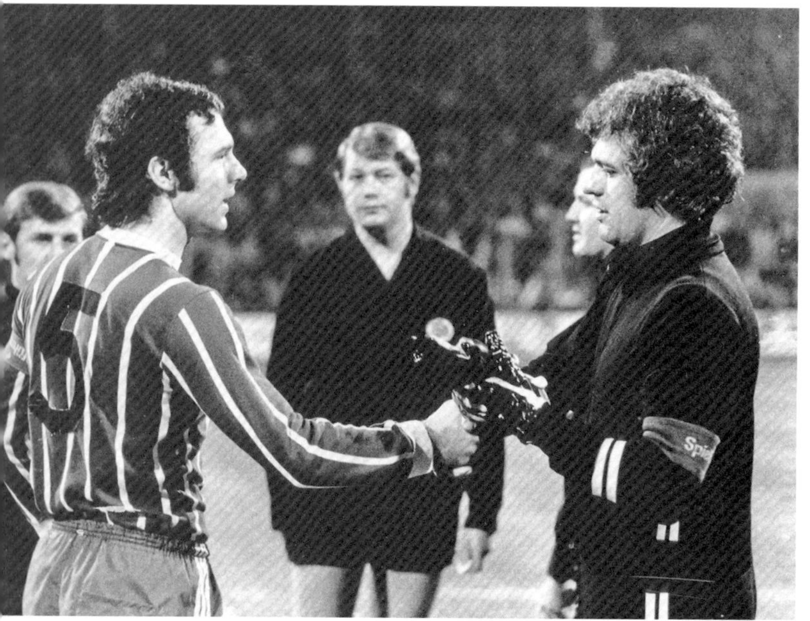

1971: Fahrian und Beckenbauer vor dem Spiel, das Fortuna 2:1 gewann.

Die Fortuna hatte ein echtes Ausrufezeichen gesetzt. Am Ende der Saison wurde die Aufstiegsrunde zur Bundesliga dennoch einigermaßen deutlich mit dem dritten Tabellenplatz hinter dem Wuppertaler SV und Rot-Weiss Essen verpasst. Aber ein Jahr später sollte das anders sein. Der DFB-Pokal-Wettbewerb bescherte den aufstrebenden Fortunen wiederum ein Traumlos: den 1. FC Köln. Das erste echte „Derby" nach fast 25 Jahren Koexistenz im Kölner Fußballleben. Wie schon gegen die Bayern ein Jahr zuvor gewann der Underdog das Hinspiel mit 2:1. Mit einem 1:0 im Rückspiel erzwang der FC jedoch eine Verlängerung und zog schließlich mit 4:0 in die nächste Runde. Die Niederlage selbst konnte Hermann verschmerzen. Er hatte schließlich eine gute Leistung der Fortunen gesehen. Dass der Großteil der Zuschauer jedoch „Hi, Ha, Ho – Löring ist k.o.!" skandiert, als sich der Sieg für den FC abzuzeichnen begann, ging ihm noch lange nach. Schang ließ sich nichts anmerken, doch Hermann wusste genau, wie sehr seinen Freund diese Demütigung getroffen hatte. Für ihn selbst war von diesem Abend an endgültig klar, dass seine Sympathien dem kleineren Kölner Club galten.

Das Ziel hieß ohnehin Aufstieg und nicht Pokalsieg. Der zweite Tabellenplatz am Schluss der Saison 1972/73 berechtigte zur Teilnahme an der Aufstiegsrunde. Diesmal verpasste Hermann keines der Spiele – weder daheim noch auswärts. Für die Fahrten nach Karlsruhe, Mainz, Hamburg und Berlin spendierte Schang einen Bus, der von der Klopstockstraße in Bayenthal aus losfuhr. Hier war die Geschäftsstelle des Clubs und zugleich der Sitz von Jean Lörings Firma. Hermann hatte Anschluss an jenen Fanclub gefunden, dessen Mitglieder sich einst auf verbotenen Wegen ihre Fahnen besorgen wollten. Die 30 Sozialstunden, die sie für den Fahnenklau hatten abbrummen müssen, hatten ihrer Begeisterung für die Fortuna offenbar keinen Abbruch getan. Wenn er Zeit hatte, die Mannschaft zu Auswärtsspielen zu begleiten, dann nahm er das Angebot, den Fanbus zu nehmen, gern an. Das tat er weniger wegen des stets einheitlichen „Sonderpreises" von fünf Mark – egal wie weit die Fahrt ging. Mehr sollte niemand zahlen, das hatte Jean Löring, den inzwischen viele längst nur noch „Boss" nannten, so bestimmt. Nein, Hermann hatte einfach Spaß im Kreise der meist durchweg jüngeren Fortuna-Fans. Zusammen mit der Mannschaft bildete die Gruppe eine verschworene Gemeinschaft.

An einem der vielleicht letzten goldenen Oktobertage des Jahres 1972 hatte Hermann jedoch auf die Busfahrt nach Essen verzichtet und sich stattdessen mit seinem rot-weißen Karmann-Ghia selbst auf den Weg Richtung Uhlenkrug gemacht. Das schöne Herbstwetter mochte zu einer Tour mit dem Wagen einladen, doch der wahre Grund hieß Gudrun, war 24 und rotblond. Hermann wusste nicht, was er mehr an ihr mochte: ihre langen Beine oder die Sommersprossen. Umgekehrt war es vielleicht etwas eindeutiger. Gudrun war hingerissen von Hermanns Haarschneide-Kunst. Den Samstagvormittag hatte er sich ihrer langen Mähne gewidmet, bis sie aussah wie die Wiedergeburt von Sharon Tate. Fast zu schade, dass die wirklich gelungene Frisur jetzt unter einem Kopftuch verschwand, während sie Richtung Essen fuhren. Sie waren spät dran. Das Make-up hatte auch noch seine Zeit gebraucht. Als sie im spärlich besuchten Uhlenkrugstadion ankamen, stand es bereits 1:0 für die Fortuna, aber das war Hermann heute ziemlich egal. Und während er mit Gudrun an den Sitzplatzreihen entlang die Stufen der Tribüne hinunterschritt, war der Spielstand auch für die meisten anderen Zuschauer dort eher Nebensache – zumindest für diesen Moment.

Es wurde ein vergnüglicher Nachmittag. Die Tore zum 2:0 und zum 3:0 waren wie Sahnehäubchen auf Hermanns kleinem Glück. Nach dem Schlusspfiff war es kein Problem, auf den Platz zu gelangen. Schang strahlte sie beide an, nickte Gudrun zu und stieß Hermann anerkennend eine Faust in die Seite. Dann waren sie plötzlich inmitten einer Traube aus Spielern und mitgereisten Kölner Fans. Zwei, drei Spieler spritzten ausgelassen mit Sprudelwasser. „Keiner soll es wagen, unsre Fortuna zu schlagen …“ wurde gegrölt. Nach dem achten Sieg in zehn Spielen hatten sie dazu allen Grund. Wolfgang Glock stand triumphierend in der Mitte mit einem Ball. „Hier“, sagte er zu den Fans und warf ihnen das Spielgerät zu, „kleines Gastgeschenk von Schwarz-Weiß.“ Hatte er etwa Gudrun zugezwinkert? Die Fans jubelten. Trainer Habig pfiff auf den Fingern und scheuchte die verschwitzten Spieler in Richtung Umkleiden. Rasch trollte sich die auch Gruppe der Kölner Anhänger aus dem Stadion zum Parkplatz, wo Hermann seinen Karmann zwischen dem Mannschaftsbus und dem Fanbus abgestellt hatte. Das Verdeck hatte er offen gelassen. „Pass auf, nimm du den Ball“, zischte plötzlich jemand und warf ihn in das offene Auto. „Und jetzt haut ab!“ Hermann verstand sofort, denn im selben Moment hatte er den Streifenwagen bemerkt, der über den staubigen Parkplatz auf sie zugefahren kam. „Alles klar", lachte er und hatte sich schon mit Gudrun auf dem Beifahrersitz in Bewegung gesetzt. Die rotblonden Haare flogen nur so, während die Fortuna-Fans johlten und pfiffen und der rote Wagen aus Köln am grünen BMW der Essener Polizei vorbeifuhr. Die anschließende Durchsuchung des Kölner Busses blieb ohne Ergebnis.

Trotz der Erfolgsserie in der Regionalliga West – Völkerwanderungen ins Stadion setzte die Fortuna nicht in Bewegung. Immerhin lockten die Heimspiele in der Aufstiegsrunde nun deutlich mehr Zuschauer an als die Ligaspiele zuvor.

Richtig voll, und mit 27.000 Besuchern sogar noch deutlich voller als bei den Pokalspielen gegen die Bayern und gegen den FC, war es beim Spiel gegen den FSV Mainz 05 am 6. Juni 1973. Es sollte als Skandalspiel in die Fußballgeschichte eingehen. Es gab einen doppelten Platzverweis gegen den Kölner Gerd Zimmermann und den Mainzer Herbert Scheller. Der Kölner ging, der Mainzer nicht. Als Scheller zu Beginn der zweiten Halbzeit sogar dreist wieder mit seiner Elf auf Feld zurück wollte, rastete Jean

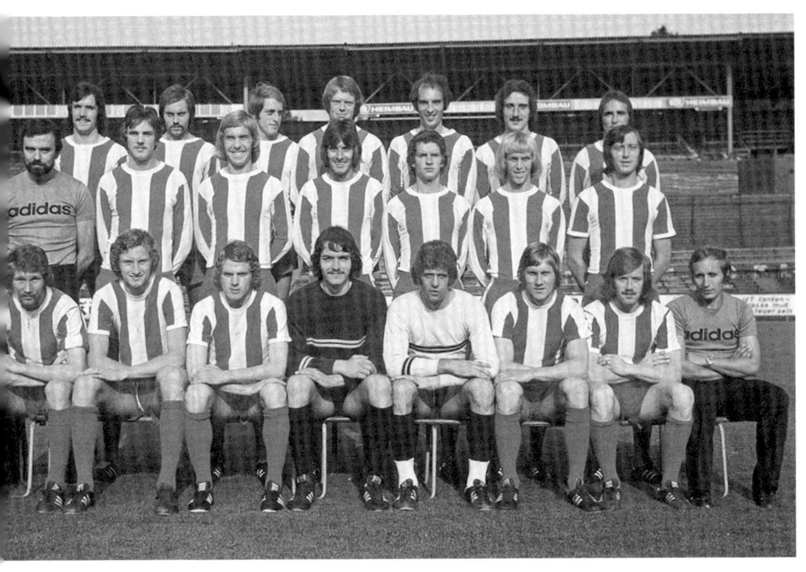

Unterwegs in Richtung Bundesliga: Fortuna mit Trainer Martin Luppen (l.) im Stadion Radrennbahn.

Löring aus. Es war nicht sein letzter Wutausbruch während dieser hitzigen Partie …

Der 3:0-Sieg und die Rekordeinnahmen von 200.000 Mark brachten Schang jedoch bald wieder zur Ruhe. Währenddessen spielte sich das Team in einen wahren Rausch. Sechs Siege, ein Unentschieden und eine Niederlage bei 25:5 Toren lautete schließlich die Bilanz des Aufsteigers. Der größte Erfolg in der 25-jährigen Vereinsgeschichte wurde mit einem Karnevalszug im Herzen der Südstadt gefeiert. Die Mannschaft fuhr im offenen Doppeldeckerbus über die Severinstraße; Kamelle, Strüßjer und Bälle flogen ins Publikum am Zugweg. Die Euphorie währte nicht lange. Viel Zeit bis zum Saisonstart blieb nicht. Der gefeierte Aufstiegstrainer Martin Luppen musste zunächst einmal gehen. Er hatte sich mit dem Clubboss nicht über die Höhe seines Gehalts einigen können.

Sie sahen sich nicht oft in diesen Tagen im Sommer 1973. Bei einem ihrer seltenen Treffen in der Stammkneipe gegenüber der Geschäftsstelle sprach Hermann ihn sofort darauf an. „So einem verdienten Mann setzt du den Stuhl vor die Tür? Und jetzt?“ fragte er ernst, obwohl er wusste, dass Kritik meistens zwecklos war. „Wir finden einen neuen“, entgegnete Schang trotzig, beugte sich vor und fügte mit gesenkter Stimme hinzu: „Ich will den Hoeneß haben.“ Hermann schüttelte den Kopf und lachte amüsiert: „Nein, das glaub ich dir nicht.“ Der junge Bayernspieler hatte sich, seit er das Tor gegen Fortuna erzielt hatte, ziemlich beachtlich weiterentwickelt. Nationalspieler und sogar schon Europameister war er geworden. War Schang größenwahnsinnig? „Wir treffen uns nächste Woche. Schatzmeister Klaus Wolf kommt mit.“

Auf die Schlagzeile, dass Fortuna den Nationalspieler mit den krausen blonden Locken von der Isar an den Rhein geholt habe, wartete Hermann vergeblich. Wie das Gespräch verlaufen war, erfuhr er auch erst einige Zeit später. Der in geschäftlichen Dingen knallharte Jean Löring hatte in dem jungen Metzgerssohn aus Ulm einen unerwartet versierten Verhandlungspartner erlebt, der von seiner ziemlich deutlich vorgetragenen Gehaltsvorstellung und weiteren Extras kein bisschen abweichen wollte. So waren sie wieder auseinander gegangen.

Einen Nationalspieler, der sogar bei einer WM gespielt hatte, lotste er trotzdem wenig später nach Köln: Julio Baylon aus Peru.

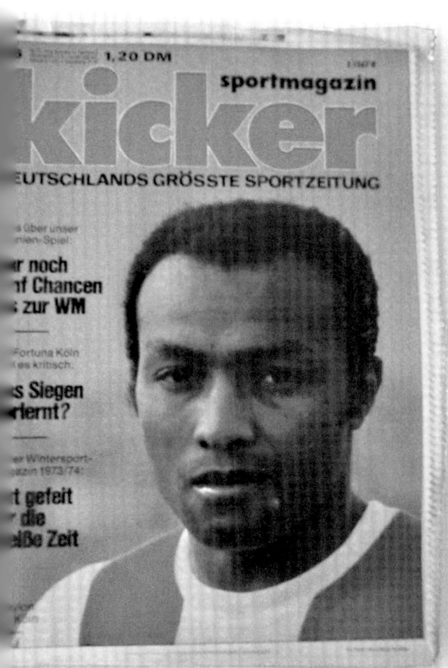

Auf den kicker-Titel schafften es nicht viele Fortunen. Julio Baylon war einer von ihnen.

Die Saison hatte schon begonnen, und Fortuna sah sich im Fußball-Oberhaus rauer Luft ausgesetzt. Ein neuer Stürmer sollte her. Der Zufall und das Verhandlungsgeschick von Rudi Fähnrich, der es in Lima nicht nur mit dem Vereinspräsidenten von Baylons früherem Club, sondern auch mit den Finanzbehörden zu tun bekam, brachten den Ausnahmefußballer mit dem Beinamen „Chico" schließlich nach Köln, eine wahre Frohnatur. Es machte ihm, dem Peruaner, nicht einmal etwas aus, der deutschen Presse in einem argentinischen Steakhaus vorgestellt zu werden. „Chico" war eine Attraktion auf dem Spielfeld. Die Zuschauer mochten ihn anfangs sehr – später weniger. Er schien mit der Spielweise nie richtig zurechtzukommen. Oder ob er einfach den Trainer Volker Kottmann nicht verstand? Dieses Problem jedenfalls wurde mit Kottmanns Demission aus der Welt geschafft.

Wieder einmal war Montag und Hermann schaute beim Training auf der Stadionvorwiese vorbei. Er wunderte sich über die recht große Zahl an Zuschauern. Als er näher kam, erkannte er, dass es Reporter sein mussten, viele hatten Kameras dabei. Er blieb ein wenig abseits und beobachtete das seltsame Schauspiel. Boxer Peter Müller posierte am Rand der Wiese. Er ballte die Fäuste, hob die Arme triumphierend, feixte und lachte laut. Die Fotografen riefen ihre Anweisungen wild durcheinander: „Pitter hier, Pitter noch ens, Pitter drieh dich!" Noch grotesker wurde die Szenerie, weil im Hintergrund das Team trainierte.

Hermann fragte einen der Reporter, der ihm am nächsten stand und nicht ganz so aufgeregt wirkte wie die meisten seiner Kollegen: „Was macht der denn hier?" – „Das ist der neue Fortuna-Trainer", grinste der Reporter. „Nicht Ihr Ernst!“, entfuhr es Hermann. Er wusste, dass der frühere Boxer und Schang mittlerweile recht gut befreundet waren, aber das konnte er sich nun wirklich nicht vorstellen. „Ist es nicht“, beschwichtigte ihn der Journalist und zwinkerte mit den Augen. „Aber der Löring hat der Presse mitgeteilt, dass demnächst ein Kölner Sportidol Nachfolger von Volker Kottmann werden würde. Die Kollegen vom Boulevard hatten vermutet, dass es Peter Müller sein könnte und ihn angerufen. Der hat sich tatsächlich in die Bahn gesetzt und ist hergekommen.“

Peter Müller war mittlerweile zur Hochform aufgelaufen und tigerte am Spielfeldrand hin und her, unablässig irgendwelche Kommandos rufend, die herzlich wenig mit Fußball zu tun hatten. Irgendwann wurde es Jean Löring dann doch zu bunt: „Pitter, et es jot. Tu mer den Jefallen und halt den Mund jetzt!“ Das klang nicht mehr humorvoll. Auch den Reportern wurde mit ein paar unwirschen Handbewegungen klar gemacht, dass ihr Unterhaltungsprogramm jetzt zu Ende sei.

Tatsächlich wurde Willi Holdorf als Trainer geholt. Kein Ex-Boxer also, sondern ein ehemaliger Zehnkämpfer – reichlich Diskussionsstoff für die Fußballexperten in Hermanns Salon, deren Gunst auf beide Kölner Bundesligavereine gleichermaßen verteilt war. Hermann hielt sich aus diesen fachlichen Debatten meist heraus. Er hatte Mühe genug, wenn die Kunden unbedingt aussehen wollten wie Bernd Clüver oder Jürgen Marcus.

Das Wetter war mies an diesem Montagmorgen und die Stimmung noch schlechter, es hatte am Wochenende auf Schalke eine deftige Klatsche gegeben. Hermann lehnte am Geländer, das die Rasenfläche begrenzte, und sah den Spielern zu, wie sie schwerfällig ihr Vormittagstraining herunterspulten. Es war ihnen deutlich anzumerken, wie ihnen das gegen den Strich ging. Schang stand mit hochgeschlagenem Mantelkragen ebenfalls am Spielfeldrand. Er hatte die Arme verschränkt und musterte die Männer in den roten Trainingsanzügen kritisch. Die obligatorische Rentnergruppe auf den Sitzbänken, die praktisch immer beim Training zuschaute, war kleiner als sonst. Immerhin hatte es aufgehört zu nieseln. „Was ist mit der schwarzen Perle los?“, kam Hermann ziemlich schnell auf den Punkt, der ihn am meisten interessierte. „Schwacher Mann. Enttäuschend bis jetzt“, kam es schlecht gelaunt zurück. „Ich hab den Eindruck, dass er nicht richtig zur Mannschaft passt“, hakte Hermann nach. „Könntest du richtig liegen.“ Schang schien das Thema nicht sonderlich zu behagen. „Kümmert sich eigentlich jemand um den? Kann der überhaupt Deutsch?“ – „Wir haben den geholt zum Fußballspielen. Der soll keine Reden halten.“ – „Aber, Schang …“ – „Lass mich in Ruhe. Wenn du unbedingt willst, kannst du ja mal mit ihm essen gehen. Wie gut ist denn dein Spanisch?“, antwortete der Boss bitter.

Spanisch konnte Hermann tatsächlich nicht, aber den Vorschlag einer Verabredung fand er nicht schlecht, auch wenn der vom Schang bestimmt nicht ernst gemeint war. Er winkte den „Amigo Chico“ zu sich. Irgendwie machte er ihm klar, dass er am Abend ins *El Gaucho* eingeladen war. Hermann schlug vor, ihn mit dem Auto abzuholen.

Julio Baylon wohnte in Ehrenfeld. Keine besonders attraktive Gegend, aber die Adresse war wenigstens nicht im heruntergekommenen alten Viertel, sondern in einem ziemlich neuen Gebäude. Am Rand des Stadtteils hatte jemand ein Hochhaus errichtet. 31 Stockwerke. Es war erst zwei Jahre zuvor fertig geworden. Die Leute nannten es Papageien-Haus, weil es bunt gekachelt war. Eigentlich hieß es Herkules-Hochhaus, weil die zum Autobahnzubringer ausgebaute Herkulesstraße unterhalb des Hauses vorbeiführte. Von der Farbenpracht der Fassade konnte Hermann wenig erkennen, als er im Dunkeln in der Graeffstraße seinen Karmann parkte. Zum Glück musste er nicht lange den Namen auf dem gigantischen Klingelschild suchen. Es gab einen Pförtner. „Zu Herrn Baylon, bitte.“ – „Ah, Fortuna!“, sagte der Pförtner, ein älterer Herr mit riesigem Schnäuzer. Er legte den Express beiseite und schaute Hermann prüfend über den Rand seiner Lesebrille an. „Moment. Dä müsste eijentlich oben sein.“ Er murmelte weiter: „Baylon, Baylon, jo, da hammer ihn.“ Ohne Eile betätigte er die Haussprechanlage, die ebenso viele Knöpfe hatte, wie das Klingelbrett draußen. „Dä Baylon es dä Schwazze, oder? Mir han jo och dä Fuss vun de Fortuna he bei uns wunne“, meinte er im Plauderton, während sie warteten, dass sich der Angerufene meldete. Tatsächlich wohnte auch Noel Campbell, der rothaarige Ire, im Herkules-Haus. „Si! Hallo?!“, ertönte es schließlich aus dem knarzenden Lautsprecher neben der Tastenansammlung. „Sennjor Baylon, Besuch. Visit for you", gab sich der Pförtner sprachgewandt. Hermann hörte, dass etwas geantwortet wurde. „Ich glaube, Sie sollen mal hochkommen. 20. Stock rechts", sagte der Pförtner.

Die Wohnung war winzig, es herrschte ein ziemliches Chaos. Die Sporttasche lag in der Diele, so dass Hermann darüber steigen musste. In der kleinen Kochecke stapelte sich Geschirr. Über den Sesseln hingen Kleidungsstücke, ein paar Zeitungen lagen zerfleddert auf dem Couchtisch. Hermann erkannte die spanischsprachige Fußballzeitung El Mundo Deportivo und den kicker – mit Julio Baylon im Fortuna-Trikot auf der Titelseite.

Das Bett, eigentlich ein Schlafsofa, war nicht gemacht. Chico war sichtlich aufgeregt. „Kommen, kommen", gestikulierte er. „Aqui, setzen", sagte er strahlend, nachdem er von einem der beiden Sessel die Kleider zusammengeklaubt und auf das Bett geworfen hatte. Das angebotene Bier lehnte Hermann ab. Der Fußballspieler schaute ihn erwartungsvoll an, nachdem sie sich gesetzt hatten. Hermann schwieg verlegen. Er blickte zum Fenster. „Die Aussicht muss toll sein", sagte er. Julio Baylon zuckte die Schultern. Er schien nicht verstanden zu haben. Das konnte ja ein anstrengender Abend werden. An der Wand hinter ihm waren mit Heftzwecken ein paar Fotos befestigt. Hermann erkannte den Fußballspieler auf einem der Bilder wieder. Es war eines der typischen Familienfotos, wie sie in Fotostudios gemacht werden. Eine kleine, etwas dickliche junge Frau mit hübschem Gesicht war zu sehen. Sie hielt ein Baby im Arm und ein kleines Mädchen von vielleicht drei oder vier Jahren war zu sehen. „Senorita Baylon? Familia?", fragte Hermann und zeigte auf das Foto. „Si, Si!", nickte der muskulöse Sportler. Und dann sprudelte es aus ihm heraus. Hermann verstand kaum etwas. Natürlich waren es Frau und Kinder. Das Baby musste ein Junge sein – Julio, wie sein Vater. Sie schienen noch in Lima zu leben, so viel verstand Hermann immerhin. Der Stolz auf die Kinder war dem Fußballer anzumerken, als er mit seinen großen Händen, die auch einem Boxer hätten gehören können, über das Bild strich. Er legte es auf den Couchtisch. Seine Augen glänzten. Hermann wurde unsicher und schaute auf seine Armbanduhr. „Wir sollten los", sagte er, „El Gaucho, capito?"

Auch im Restaurant war die Unterhaltung schwierig. Insgeheim hatte Hermann gehofft, einer der Kellner könne sich als Dolmetscher nützlich machen, doch im Lokal herrschte Hochbetrieb. Auch zwei Jahre nach der Eröffnung profitierte das *El Gaucho* immer noch von der Neugier vieler Kölner, die – meist zum ersten Mal in ihrem Leben – argentinische Steaks probieren wollten.

Eine Leistungssteigerung bewirkte der Abend indes nicht bei Julio Baylon. Und „Amigo Hermano“, wie der Spieler ihn immer genannt hatte, konnte ihn auch nicht zu einem weiteren Treffen überreden.

Am Ende der Saison war er plötzlich aus Köln verschwunden – ausgeliehen an den FC Homburg. Erst auf Nachfragen rückte Schang schließlich damit heraus, dass der große Hoffnungsträger immer wieder in Schwierigkeiten gesteckt hatte. Seine „Verletzungen“ waren nicht selten Veilchen oder aufgeplatzte Lippen gewesen, wenn er mal wieder in eine Schlägerei verwickelt gewesen war. Offenkundig war der Peruaner in Köln in keine gute Gesellschaft geraten.

Auch für die Fortuna hielt das Bundesliga-Gastspiel kein Happy End bereit. Im Gegenteil, der letzte Spieltag bescherte der Mannschaft und den wenigen treuen Fans, die mit zum Auswärtsspiel nach Offenbach gefahren waren, eine brutale Achterbahnfahrt. Zuletzt war nicht nur Hermann speiübel gewesen. Sie hatten eine völlig überforderte Mannschaft gesehen, die, am Ende ihrer Kräfte, mit 0:4 untergegangen war. Das hätte noch nicht der Abstieg sein müssen, denn der schärfste Konkurrent, der ein Jahr zuvor ins Fußball-Oberhaus aufgerückte Wuppertaler SV, hatte vor diesem Spieltag mit einem Punkt weniger auf dem vorletzten Platz gelegen. Hätte Wuppertal nun auch verloren, wäre die Fortuna als Drittletzter gerettet gewesen, aber diesen Gefallen taten die Bergischen um ihren Kapitän „Meister Pröpper“ den Kölnern nicht. Sie spielten Unentschieden. Trübsal bei den Kölnern, bis vom Offenbacher Stadionsprecher eine Falschmeldung verbreitet wurde. Wuppertal habe kurz vor Schluss doch noch einen Treffer kassiert und verloren. In die Jubelorgie der Mannschaft und ihres Anhangs platzte die Richtigstellung – aus der Traum!

Die Landung in der neu eingeführten 2. Bundesliga (Gruppe Nord) war hart. Schang gab trotzig das Ziel aus, sofort wieder aufzusteigen. Insgeheim hoffte er immer noch, mit seiner Fortuna in der großen Hauptkampfbahn spielen zu können. Einen Steinwurf vom

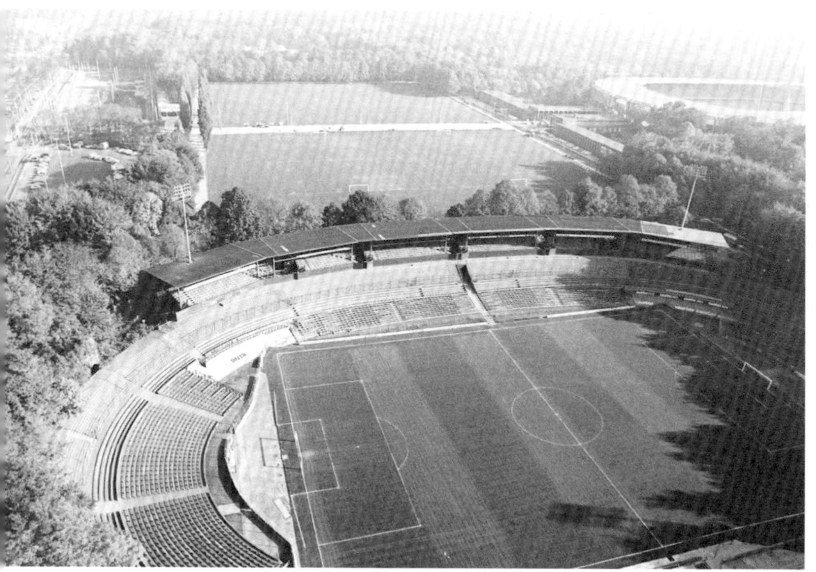

Die alte Radrennbahn im Sportpark Müngersdorf. Im Hintergrund erkennt man die fertige neue Hauptkampfbahn.

Stadion Radrennbahn entfernt war inzwischen eine Baustelle. Das alte Stadion war verschwunden, dafür war inzwischen die Form des neuen Müngersdorfer Stadions schon gut zu erkennen. Klar war aber auch, dass es zur Fußball-Weltmeisterschaft 1974 nicht mehr fertig werden würde.

Leider sollte die Fortuna 1975 zunächst nur ein einziges Mal im neuen Stadion auflaufen, denn das Unternehmen Wiederaufstieg war gescheitert. Fünf Punkte fehlten. Lediglich die Eröffnungsfeier des neuen Müngersdorfer Stadions wurde mit einem Freundschaftsspiel gegen den FC begangen. Danach kehrte der Südstadtclub wieder in die alte Radrennbahn zurück, die jetzt vollends aus der Zeit gefallen schien.

Natürlich wurde der FC heftig um sein neues Stadion beneidet. Allein die Größe des runden Ovals aus Beton war beeindruckend. Es war schick – wie das Herkules-Hochhaus, das Uni-Center oder das Colonia-Hochhaus am Rheinufer. Aber dort hätte Hermann nicht wohnen wollen und für ihn behielt auch die alte Radrennbahn am Rand des Müngersdorfer Sportparks ihren Charme. Die Mauern der Haupttribüne waren wie Zeugen einer lange zurückliegenden Vergangenheit. Manchmal versuchte er sich vorzustellen, wie es gewesen sein musste, als hier noch Radrennen ausgetragen wurden. Die alte Betonbahn war in den Sitzplatzkurven noch sichtbar und diente manchmal als Rutschbahn, wenn junge Eltern mit kleinen Kindern zu den Spielen kamen. „Andrea!“, rief gerade eine junge Frau neben ihm. „Andrea, komm da weg!“ Doch das kleine blonde Mädchen, das mit ein paar anderen Kindern die „Rutsche“ in der Südkurve nutzte, hörte gar nicht hin. „Ach, lass sie“, beruhigte sie der Mann neben ihr. Es musste der Vater sein. „Dann kriegt sie eben eine neue Strumpfhose.“ – „Na, wir haben's ja auch ganz dicke“, antwortete die Frau eingeschnappt.

Hermann grinste verstohlen. Kinder, nein, dafür hatte er irgendwie nicht den richtigen Zeitpunkt erwischt. Aber der Salon ging auch immer vor. Noch vor Kurzem hatten alle Frauen nach dem Afro-Look gefragt, während sie nun wie eine der Abba-Sängerinnen aussehen wollten – entweder lockig oder glatt, je nachdem, ob sie dunkle oder blonde Haare hatten. Jedenfalls kühlten Föhn und Trockenhaube in seinem Salon fast gar nicht mehr ab. Gudrun hätte gern Kinder gehabt, aber sie war auch gut zehn Jahre jünger gewesen als er. Letztlich hatte sie wegen der Kinderfrage auch Schluss gemacht und den Kontakt abgebrochen.

Das Spiel begann. Es ging eigentlich um nichts mehr. Es mochten vielleicht 1.000 Zuschauer sein, die den letzten Auftritt des Spandauer SV in der 2. Bundesliga sehen wollten. Die Kinder waren inzwischen zu ihren Eltern auf den Tribünenplatz zurückgekehrt. Irgendwann würden sie auch wieder verschwunden sein und unterhalb der Tribüne Verstecken oder Nachlaufen spielen. Manchmal konnte Hermann sie hören. Immer, wenn ein Tor fiel, kamen sie erschreckt nach oben gelaufen und fingen an zu hüpfen, wenn sie sahen, dass sich die Eltern freuten. Das blonde Mädchen rief jedes Mal aufgeregt: „Frau Tuna, Frau Tuna!“

Doch die Tage in Müngersdorf waren für die Fortuna längst gezählt. Es gab Pläne für eine neue Sportanlage in Zollstock. So sehr Hermann die Radrennbahn auch lieb gewonnen hatte, freute er sich doch darauf, künftig fast zu Fuß zu den Spielen gehen zu können. Noch weit mehr war Schang begeistert von den Plänen für das Gelände zwischen Bahndamm, Höninger Weg und Vorgebirgstraße. „Das ist die Zukunft“, sagte er, „endlich hätten wir ein schönes Stadion und eine große Anlage für die Jugend." Diese Abteilung, die Jean Löring so am Herzen lag, war Mitte der Siebzigerjahre stark angewachsen und der Aschenplatz an der Fritz-Hecker-Straße reichte nicht mehr aus. Oft wurde die Wiese des angrenzenden Vorgebirgsparks mitgenutzt. Sobald es im Herbst dunkler wurde, organisierte Schang Baustellenbeleuchtung, mit der er den Park erhellte.

Ein herzliches Wiedersehen gab es im Herbst 1977 mit Julio Baylon. Der Peruaner lief noch ein paar Mal für den S.C. Fortuna auf, nachdem der FC Homburg die Ausleihe nicht verlängert hatte. Doch seine Tage in Köln waren gezählt. Immerhin konnte er sich jetzt besser verständigen, das zeigte er „Amigo Hermano" sofort voller Stolz und lud ihn ins *El Gaucho* ein. Hermann war erfreut, dass die Kommunikation so viel besser klappte. Sie sprachen vor allem über Fußball, aber auch über Peru, über Lima und die Familie, die Chico so vermisste.

Zu diesem Zeitpunkt ahnte keiner von beiden, dass die Saison eine der besten für den Kölner Fußball werden sollte. Ende April 1978 stand fest, dass der 1. FC sowohl den DFB-Pokal als auch die Meisterschaft gewonnen hatte. Die Fortuna war in der 2. Bundesliga Gruppe Nord bis zum letzten Spieltag ganz oben mit dabei. Es kam zu einem Showdown gegen Arminia Bielefeld. Die Partie war ein Muss für Fortuna-Anhänger: Ein Sieg hätte sowohl für die Fortunen als auch für die Arminen jeweils den Aufstieg bedeutet. Wegen der Invasion aus Ostwestfalen fand das Spiel in der größeren Radrennbahn statt. Eher aus Nostalgie sicherte sich Hermann eine Eintrittskarte. Am Ende hieß es 0:2. Den Anblick der blau-schwarzen Wand auf der Gegentribüne sollte Hermann lange nicht vergessen.

Eigentlich war inzwischen aber das Südstadion die neue Heimat der Fortuna. 8.000 Zuschauer hatten am 14. Januar 1978 die Premiere mit einem 2:1-Sieg gegen den Wuppertaler SV erlebt – ebenjene Wuppertaler, die 1974 nur dank des besseren Torverhältnisses statt der Fortuna in der Bundesliga geblieben waren, nun aber auch längst wieder in der zweiten kickten. Ein wunderschöner Flugkopfball von Walter Müller markierte den ersten Treffer in diesem Stadion. Fortuna führte. Aber auch mit knapp 37 Jahren machte Günter Pröpper den Kölnern noch das Leben schwer und traf zum Ausgleich. Volker Graul, spektakulärer Neuzugang aus Bielefeld, traf zum 2:1-Endstand.

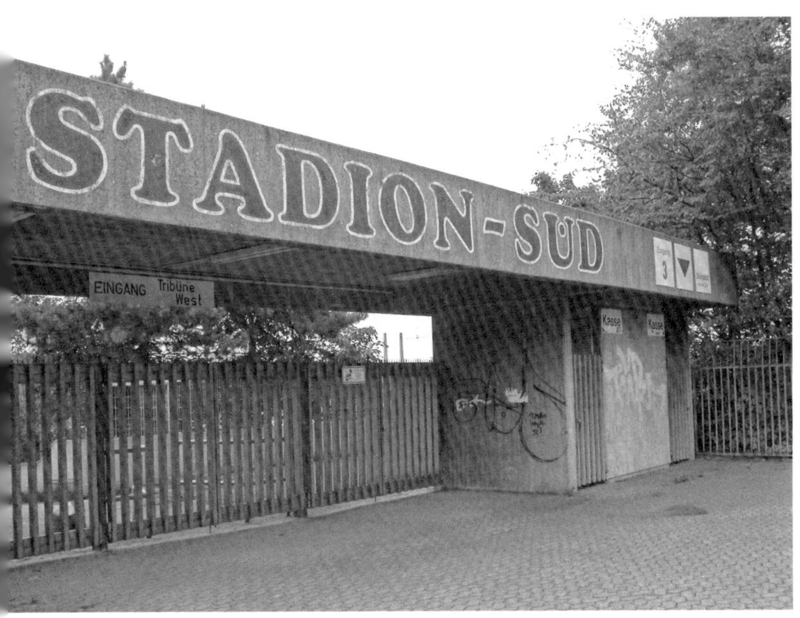

Der brutale Charme der späten Siebziger: Eingang zum Südstadion.

Richtig wohl fühlte sich Hermann von Anfang nicht in diesem flachen Beton-Oval, aber die Flutlichtpremiere gut zwei Wochen später ließ er sich dennoch nicht entgehen. Dichtes Schneetreiben herrschte. Solche Spiele hatte er auch schon in der Radrennbahn erlebt. Dass dieses Spiel gegen Bayer 04 Leverkusen kein Leckerbissen war, verstand selbst er. Immerhin war der grell-orangefarbige Ball gut zu erkennen. Und: Fortuna gewann mit 1:0 und sollte auch für den Rest der Saison kein Heimspiel in diesem Stadion verlieren.

Von den Erfolgen erfuhr Hermann jedoch nur aus der Zeitung, denn er nahm eine längere Auszeit, was Stadionbesuche anging. Es tat ihm zwar weh, wenn er montags in der Zeitung lesen musste, wie wenige Zuschauer selbst in dieses nagelneue Stadion gingen, aber seine Ablenkung vom Fußballsport hatte schließlich einen Namen: Christa. Eine Kollegin, die er bei einer Fortbildung kennengelernt hatte. Sie war ihm sofort aufgefallen, weil sie diesen Pixie-Cut trug, der ihr feines Gesicht wunderbar zur Geltung brachte. Alle anderen Teilnehmerinnen wollten ganz offensichtlich lieber ein „Engel für Charlie“ sein und trugen ausnahmslos Löwenmähne.

Langweilig war das Seminar trotzdem, aber ein gerahmtes Zertifikat mit einem bekannten Markenlogo machte sich im Laden immer gut. Hermann war einerseits froh, als es endlich zu Ende war, ärgerte sich aber, dass er nicht dazu gekommen war, die Hübsche mit der Kurzhaarfrisur anzusprechen.

Am Ausgang der Messehallen war es kalt und zog unangenehm vom Rhein her. Christa stand in roter Bluse, einer knappen schwarzen Lederjacke und enger Röhrenjeans vor der Drehtür und schaute ratlos zum leeren Taxistand, als Hermann durch die Drehtür kam. Er hatte seinen Wagen ein paar Meter weiter geparkt. „Kann ich dich irgendwohin mitnehmen?“ – „Hm“, kam es kühl zurück, „fährst du vielleicht nach Sülz?“ – „Kein Problem, liegt auf dem Weg.“ Sie gingen zum Auto. „Hey, deiner?“, fragte sie und schnalzte anerkennend mit der Zunge. Sie schien wirklich angetan von Hermanns metallicblauem Käfer-Cabrio. Den roten Karmann hatte er verkauft, weil er ihn zu sehr an die schöne Zeit mit Gudrun erinnert hatte. „Wart's ab. Drinnen ist er noch besser“, versprach Hermann. Er hatte den Wagen mit Recaro-Sitzen und einer Stereo-Anlage ein bisschen aufmöbeln lassen. Als er den Motor startete, spielte der Kassetten-Player „My Funny Valentine“. Ein wehmütig klingendes Jazz-Stück, das zu seinen Lieblingstiteln gehörte. Aber ob seine Mitfahrerin genau so dachte? Er wollte gerade die Stop-Taste drücken, als Christa interessiert feststellte: „Chet Baker? So was hört der Herr Becker also.“ – „Wenn es dir nicht gefällt … ich hab auch noch andere Cassetten.“ – „Nein, ganz im Gegenteil. Kennst du auch die Fassung von Miles Davis?“

Dieselbe Christa, die sich während der öden Fortbildung über eine neuartige Pflegeproduktserie ziemlich kühl und unnahbar gegeben hatte, war plötzlich nicht mehr wiederzuerkennen. Sie erwies sich als ziemliche Expertin für Jazz, Soul und Funkmusik. Als sie die Severinsbrücke überquerten, würdigte keiner von beiden das erleuchtete Rheinpanorama eines Blickes. Sie sprachen über den exzentrischen Trompeter, der erst vor ein paar Jahren wieder in Erscheinung getreten war. Ein tragisches Genie mit einem gewaltig großen Drogenproblem. Bis Hermann nach ein paar klitzekleinen Umwegen – „Ach, 'tschuldigung, hätte ich hier abbiegen müssen?“ – in der Palanter Straße in Sülz anhielt, erfuhr er, dass sie alle Alben von Miles Davis besaß. Er konnte immerhin mit einigen frühen Chet Baker-Aufnahmen und einer ansehnlichen Dave Brubeck-

Sammlung punkten. Außerdem hatten sie festgestellt, dass sie mehrmals zur selben Zeit bei Konzerten im Club *Subway* an der Aachener Straße gewesen sein mussten – vermutlich aber jeweils in Begleitung. Dass sie frisch geschieden war und bis vor kurzem fast hüftlange Haare gehabt hatte. Und dass sie ungefähr im gleichen Alter waren. Hermann hielt es für klüger, Gudrun nicht zu erwähnen. Wer war eigentlich Gudrun? Er stellte den Motor ab und schaute sie an. „Noch Lust auf'n Kaffee?", fragte Christa.

In der Südstadt geht das Licht an

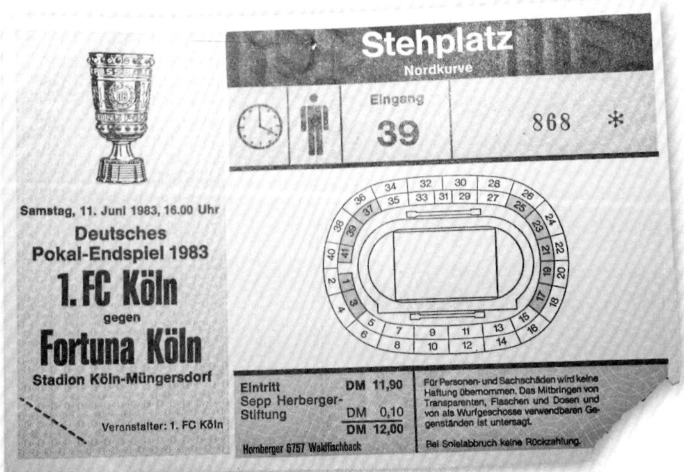

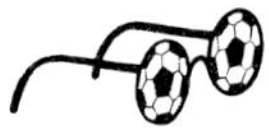

Fußball war nicht das bevorzugte Interessengebiet seiner neuen Freundin. Mit Musik, Frisuren und Städtereisen gab es dennoch genug, wofür sie sich beide begeisterten. Schnell galten sie in ihren Bekanntenkreisen als Traumpaar: Sie die schlanke, stets etwas kühl gestylte Frau, die bei ihrem Outfit gern zu knalligen Farben griff, während er dagegen etwas aus der Zeit gefallen wirkte. Er zeigte sich meist von einer verträumten, aber stets charmanten, liebenswürdigen Seite, trug die Haare immer noch gern wie der frühe Chet Baker oder James Dean und kleidete sich ähnlich lässig-chic. In den Achtzigern ging alles.

Es dauerte bis 1982, dass sie zum ersten Mal gemeinsam ein Fußballspiel besuchten. Weil es ein angenehm warmer Augustabend war, hatte er sie überreden können. Eher im Scherz hatte er ihr vor dem Anpfiff ein paar „Grundregeln" erklärt: „Der Ball ist rund. Abseits ist, wenn der Schiedsrichter pfeift, und das Spiel dauert 90 Minuten."

„Was, schon vorbei? Das waren doch keine 90 Minuten!" Christa schaute Hermann fragend an. Sie hatte zwar keine Ahnung vom Fußball, aber die Uhr konnte sie lesen. Und jetzt saßen sie plötzlich im Dunkeln. Gerade war das Spielfeld noch taghell erleuchtet gewesen, doch mit einem Mal ging das Flutlicht aus, alle vier Masten gleichzeitig. „Das hab ich ja noch nie erlebt", wunderte sich Hermann und schaute auf die Uhr. Knapp zehn Minuten waren noch zu spielen. „Das geht bestimmt gleich wieder an. Vielleicht ist jemand aus Versehen an den Lichtschalter gekommen", versuchte er einen Scherz. Um sie herum wurde ebenfalls gewitzelt: „Dä Schäng hät de Stromrechnung nit bezahlt!" „Das waren bestimmt Marder." „Der Linßen hat seinen Föhn nicht abgeschaltet."

Mindestens einem im Stadion war allerdings überhaupt nicht nach Scherzen zumute. Hermann sah, wie Schang auf dem Platz mit dem Schiedsrichter sprach. Die Spieler beider Teams waren auf dem Feld geblieben, schoben sich mit einer Mischung aus Langeweile und Ratlosigkeit Bälle zu.

3:0 führte die Fortuna. Erste Experten auf der Tribüne meldeten sich ungefragt zu Wort: „Wenn der jetzt abbricht, wird das Spiel mit 0:2 verloren gewertet", wusste einer. „Genau wie damals auf dem Bökelberg, als das Tor zusammengebrochen ist", pflichtete ein anderer bei.

Immerhin funktionierte die übrige Beleuchtung. Es war also nicht völlig düster. Von Panik keine Spur – außer bei Schang, der nun wild gestikulierend über den Platz zur Sprecherkabine gelaufen kam. Ein paar Zuschauer feuerten ihn an. Fotografen hielten die Szene fest. Das Spiel war offenbar schon zweitrangig geworden. Hermann konnte sich die Schlagzeilen am nächsten Tag schon ausmalen. Stadionsprecher Manfred Dorschler war zu hören: „Ein Elektriker der Firma Löring bitte zur Sprecherkabine!“ Auf der Stehplatzgeraden fingen Witzbolde an zu singen: „Heidewitzka, Herr Kapitän …“ Auch Christa war begeistert. „Das ist viel witziger als das Spiel. Macht echt Spaß.“ Sie schmiegte sich an ihn: „Holst du uns noch ein Bier?“

Als Hermann am Bierstand endlich an der Reihe war, ertönte hinter ihm plötzlich Jubel, als ob ein Tor gefallen war. Mit einem Flackern ging das Flutlicht wieder an. Er kam mit zwei Bechern Bier zurück zum Platz. „’tschuldigung, war noch schnell im Keller, das Licht wieder anknipsen“, zwinkerte er Christa zu. Die strahlte zurück: „Du bist der Held des Abends!“

Die Journalisten hatten in ihren Schlagzeilen indes Schang zum Helden erkoren. Dass er bis zum Schlusspfiff mit bloßen Händen zwei blanke Starkstromkabel aneinander gehalten haben soll, war der Gipfel der Anekdoten zu diesem denkwürdigen 20. August 1982.

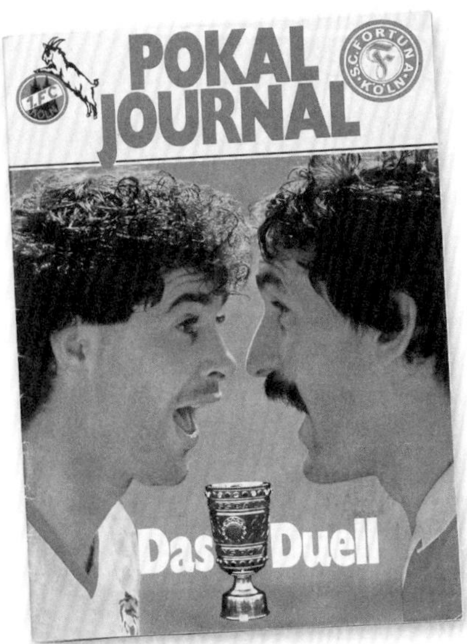

Ziemlich beste Feinde: FC-Spieler Gerd Strack (l.) und Fortune Dieter Finkler.

Christa hatte sich köstlich amüsiert im Südstadion. Fand die Frisur von Hannes Linßen klasse, mochte die Brühwurst „Knacker einfach“ und lachte sich halbtot über die staubtrocken vorgetragenen Werbebotschaften des Stadionsprechers: „Was hat der gerade gesagt? Besorgen Sie’s Ihrer Frau in der Apotheke?“ Ihr Herz für den Fußball entdeckte sie trotzdem nicht. Es dauerte fast ein Jahr, bis sie wieder Lust auf ein Spiel hatte. „Es ist das DFB-Pokalfinale. Und ich habe zwei Tickets für die Haupttribüne. Wir werden also mehr oder weniger direkt neben dem Bundespräsidenten sitzen“, warb Hermann,

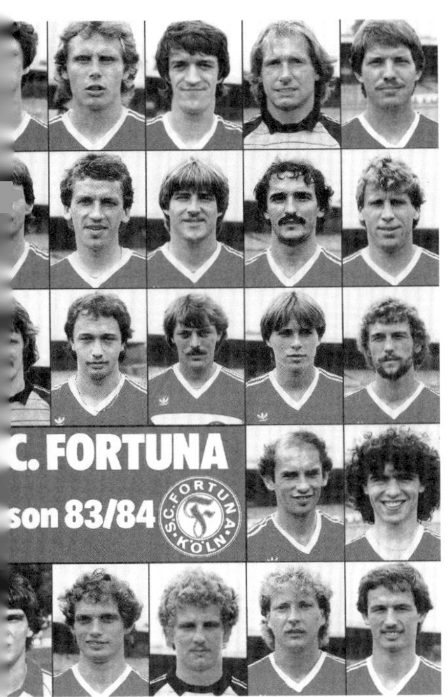

Nach dem verlorenen Pokalfinale von 1983: Die Frisuren sitzen (fast) alle wieder.

als er mit den frisch besorgten Karten in Christas Salon in der Innenstadt auftauchte. Obwohl sie Kollegen waren, hatte jeder sein Geschäft behalten. Sie waren ja keine Konkurrenten. Christa war stolz, mit ihrem kleinen, etwas versteckt liegenden Salon *Und Schnitt!* in der Ladenstadt eine Menge Kundschaft aus den Medienhäusern in der Nachbarschaft zu haben. „Na dann, viel Spaß, vielleicht sehen wir uns ja. Ich bin auch dort, aber ich muss arbeiten", sagte eine Kundin, die sich gerade von Christa die Dauerwelle auffrischen ließ. Sie war Sportredakteurin beim Express. „Hast du mal wieder deine Beziehungen spielen lassen?", fragte Christa erfreut, obwohl sie nicht allzu viel Wert darauf legte, Karl Carstens kennenzulernen.

Hermann hatte sich schon nach dem unglaublichen Halbfinale gegen Borussia Dortmund, das die Fortuna mit 5:0 gewonnen hatte, an seinen alten Freund Schang gewandt und sich Tickets gesichert.

Die Nationalhymne vor einem Spiel zu hören und dann eine Mannschaft des S.C. Fortuna Köln auf dem Spielfeld zu sehen, war eine Erfahrung, die Hermann in seinem mittlerweile 45-jährigen Leben noch nicht machen durfte, doch an diesem 11. Juni des Jahres 1983 sollte es so weit sein. Es war kurz vor 16.00 Uhr. Das Finale um den DFB-Vereinspokal stand kurz vor dem Anpfiff. Gegner war kein anderer als der große Stadtrivale. Christa genoss es, inmitten des Prominentenauflaufs auf der Tribüne zu sein. Der Bundespräsident ließ sich zwar vertreten, aber die Weltmeister Fritz Walter und Hans Schäfer, deren Namen selbst Christa noch etwas sagten, sah man schließlich auch nicht alle Tage aus nächster Nähe. Frauen waren jedoch eindeutig in der Minderheit.

Es entging auch Christa nicht, dass das Team in Rot auf dem Platz die bessere Mannschaft war. Längst hatte sie Hannes Linßen zu ihrem Lieblingsspieler auserkoren. Hermann nahm sich vor, dem Spieler einen Gratis-Schnitt zu spendieren, wenn die Fortuna den Pokal holen würde. Linßen war Stammkunde in seinem Salon. Friseurtechnisch stellte er keine große Herausforderung dar, aber er war stets spendabel, wenn es ums Trinkgeld ging.

Christa war enttäuschter als er, als der Schlusspfiff ertönte. Weiß jubelte, Rot lag am Boden. Die älteren Herren aus der Ehrenloge betraten den Innenraum. Während Hermann die beginnende Siegerehrung stumm und zerknirscht verfolgte, schrie sich Christa in Rage. Sie konnte ziemlich aufbrausend sein, wenn ihr etwas gegen den Strich ging. Und das war hier der Fall. „Fortuna, Fortuna!", rief sie immer wieder. Dass der Stadionsprecher Beifall für den Gewinner erbat, interessierte sie genauso wenig, wie die meisten anderen Zuschauer im Stadion. Immer lauter wurden die Fortuna-Sprechchöre. Hermann sah, wie Schang jeden Spieler einzeln zu trösten versuchte. Er scharte sie um sich, klatschte ihnen Beifall und scheuchte sie schließlich energisch auf, damit sie eine Ehrenrunde liefen. Der Jubel im Stadion wurde lauter. Hermann merkte, dass er einen Kloß im Hals hatte. Mit allem hatte er gerechnet, mit Schmach, Hohn und Spott. Aber nicht damit. Nein: Heute war Löring nicht k.o.

Es folgten zwei Spielzeiten, in denen es selbst den wenigen hartgesottenen und treuen Fans schwerfallen musste, sich jedes Spiel anzuschauen, aber Anfang April 1986 waren plötzlich alle Träume von der Rückkehr in die 1. Bundesliga wieder präsent. Der S.C. Fortuna hatte durch einen 1:0 Auswärtserfolg beim FC Homburg die Tabellenführung erobert. In Hermanns Salon wurden erste Gratulationen ausgesprochen. Zum nächsten Heimspiel war das Südstadion dann richtig voll. Und dass ausgerechnet Arminia Bielefeld mit 3:1 heimgeschickt wurde, war eine schöne Genugtuung für die bittere Niederlage acht Jahre zuvor.

Wer wollte die Fortuna jetzt noch aufhalten? Es gab nur eine Antwort: sie sich selbst. Eine schwarze Serie von fünf Niederlagen ließ die Träume beinahe zerplatzen. Am Ende dieses dramatischen Sturzfluges fand sich die Mannschaft auf Platz 3 wieder.

Relegation. Gegner: Borussia Dortmund. Das Drama sollte erst beginnen.

Wieder Müngersdorf, wieder volles Haus, und wieder stand Köln hinter seiner Fortuna. 47.000 Zuschauer. Hermann hatte sich mit ein paar Freunden und Kunden auf den Weg gemacht. Dass diese sich mit Rücksicht auf ein paar schmale Geldbeutel in ihrer Runde für Oberrang Nord entschieden hatten, war ihm ganz recht gewesen. Vielleicht würde das mehr Glück bringen als der Platz auf der Haupttribüne beim Pokalfinale. Christa versprach, das Spiel im Fernsehen zu verfolgen. Sat 1, ein privater Fernsehsender, den es erst seit knapp eineinhalb Jahren gab, wollte das Spiel live übertragen. Das Ergebnis 2:0 hielt den Traum am Leben.

Wäre es anders gelaufen, wenn er das Rückspiel im Westfalenstadion verfolgt hätte? Aber Christa und er besaßen schon seit Monaten Tickets für das Pinkpop-Festival. Sie hatten beide ein wenig den New Wave für sich entdeckt. The Cure waren Top-Act. Und nach Geleen, das unweit von Aachen in den Niederlanden lag, war es nur ein Katzensprung. Der Videorekorder sollte den Aufstiegstriumph im Westfalenstadion festhalten.

Das Band mit der Aufzeichnung wollte sich Hermann nie anschauen. Irgendwann warf er es weg. Betamax war sowieso eine Fehlinvestition gewesen.

Sie waren auf dem Heimweg vom Festival, als Hermann im Autoradio das Ergebnis erfuhr. 3:1 für Dortmund. 20 Sekunden vor Schluss. Er fluchte so laut, dass Christa wach wurde und ihn erschrocken ansah. „Was ist passiert, haben wir was vergessen?“, fragte sie verschlafen. „Nein, … nichts. Nur dass die Aufstiegsfeier ausgefallen ist. Es gibt ein drittes Spiel.“ – „Dann gewinnen sie das eben“, murmelte Christa und drehte sich zur Seite.

Sie hielten ihre Salons am nächsten Tag geschlossen. Das hatten sie schon vorher so geplant, weil sie ausschlafen wollten. Hermann war dennoch schon ziemlich früh wieder auf den Beinen. Er holte Zeitungen und Brötchen. Fassungslos las er die Berichte, Kommentare und Stimmen zum Spiel. Später ging

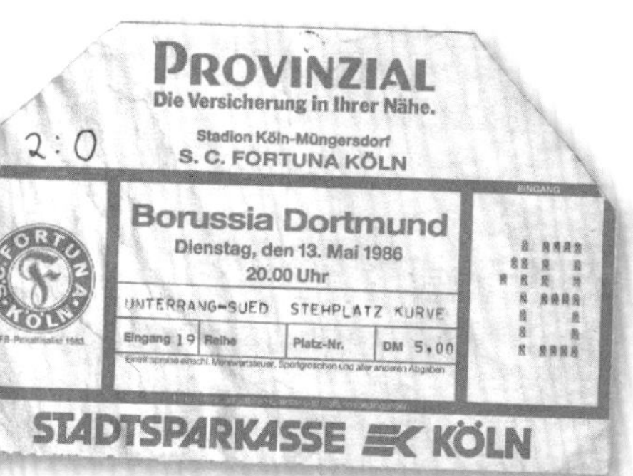

In der Südkurve des Müngersdorfer Stadions waren Fortuna-Fans sonst eher selten.

er zur Fortuna-Geschäftsstelle. „Ach, Herr Becker", begrüßte ihn die Sekretärin. Ihre Stimme klang bekümmert. Das hatte er nicht anders erwartet. „Der Chef ist oben. Er will … ach, das soll er Ihnen selbst sagen."

„Ich trete zurück als Präsident", eröffnete ihm Schang, „Ich kann das nicht mehr mitmachen. Der Abstieg, das Pokalfinale, jetzt den Aufstieg verpasst. Es geht nicht mehr." Er saß zusammengesunken in seinem Stuhl. Eine Tasse Kaffee und ein leerer Cognacschwenker standen auf dem Schreibtisch. „Aber wieso sollten sie denn nicht noch einmal gewinnen?", fragte Hermann und wünschte sich Augenblicke später, diese Frage nicht ausgesprochen zu haben. Wütend zählte Schang die Verletzten auf: „Der Jarecki hat die Knie kaputt, Ralf Aussem, Dirk Kurtenbach, Bernd Schröder, Norbert Siegmann, Dirk Heinen, Ralf Schlösser, Jürgen Gede, Uwe Helmes – alle verletzt! Karl Richter und Günter Hutwelker können nicht spielen wegen der gelben Karten. Noch Fragen?" Hermann kam sowieso nicht zu Wort. „Wir versuchen, den Spieltermin zu verschieben. Diesen Freitag geht es auf keinen Fall."

Der ursprünglich angesetzte Termin für das dritte Relegationsspiel, Freitag, 23. Mai 1986, 20.00 Uhr, fiel tatsächlich aus. Schang hätte am liebsten bis in den Juni hinein gewartet, er ließ per Telefax seitenweise Krankmeldungen und ärztliche Atteste nach Frankfurt an den Deutschen Fußball-Bund schicken. Aber der DFB spielte nicht mit. Als neuer Termin wurde Freitag, 30. Mai 1986, 20.00 Uhr, bestimmt. Auf diese Weise konnte Dortmunds Torhüter Eike Immel das Spiel noch absolvieren und unmittelbar im Anschluss zur Fußball-Weltmeisterschaft nach Mexiko reisen, wo er als dritter Torwart nominiert war.

Das Rheinstadion in Düsseldorf war so voll wie in der gesamten Saison nicht. Der Tross der Kölner Anhänger ging beinahe unter in der Masse der Dortmunder, die mindestens die Hälfte der 50.000 Zuschauer stellten. Hermanns Optimismus war verflogen. In den Tagen zuvor gab es sogar Schlagzeilen, dass die Kölner womöglich nur mit acht Mann würden antreten können. Ein Kunde in seinem Laden wollte sogar erfahren haben, dass Jean Löring in Betracht gezogen habe, den Torwart der Fan-Mannschaft ins Aufgebot zu berufen. Schlechter konnten die Vorzeichen also nicht stehen. Immerhin: Bernd Grabosch, der schon zwei Tore in den bisherigen beiden Spielen erzielt hatte, wurde noch rechtzeitig fit gespritzt. Auch Jacek Jarecki, den der Sport-1-Kommentator im zweiten Relegationsspiel mit der russischen Torwartlegende Lew Jaschin verglichen hatte, lief mit auf. Der Pausenrückstand von 0:1 entmutigte die Kölner Anhänger nicht im Geringsten. Aber bald darauf war die Zuversicht dahin.

Fast hätte Hermann mit seinem eisernen Prinzip gebrochen, jedes Spiel bis zum Schlusspfiff anzuschauen, als es sechs Minuten vor Ende auch noch einen Foulelfmeter gab. Wieder zappelte der Ball im Netz, da war das halbe Dutzend voll. Nach dem achten Dortmunder Tor, das erneut überschwänglich vor den schwarz-gelben Spielern gefeiert wurde, pfiff der Schiedsrichter endlich ab. Hermann blieb noch lange auf den Betonstufen in der Stadionkurve sitzen und schaute sich an, wie die anderen feierten. Am Zaun war ein Banner hängen geblieben: „Jean wir brauchen dich“ war mit roten Buchstaben auf ein weißes Tuch gesprüht.

Zurück in Köln machte der Bus mit den Kölner Fans vor dem *Bacchus* Halt. Zu Hermanns Überraschung war das Lokal geöffnet. Ein Kölsch, vielleicht zwei, wollte er mittrinken, um die Enttäuschung hinunterzuspülen. Es wurden etliche mehr.

Gegen fünf Uhr morgens machte er sich auf den Heimweg. Irgendwann am frühen Nachmittag wurde er vom Klingeln des Telefons geweckt. „Lebst du noch?“ In Christa Stimme klang Sorge, aber auch Belustigung. „Wie spät ist es?“, fragte er. „Gleich halb drei.“ Er setzte sich auf das Sofa. „Sie haben verloren.“ – „Das ist ja wohl noch gelinde ausgedrückt.“ – „Aber es ist egal. Schang wird nicht zurücktreten, das hat es mir versprochen.“ – „Ach, du bist ja noch betrunken“, sagte Christa und klang jetzt ein wenig verärgert. „Da könntest du recht haben“, murmelte Hermann.

Das Jahr 1988 war in mehrfacher Hinsicht ein besonderes Jahr für Hermann und Christa. Vor allem wegen des 50. Geburtstages, den beide begehen konnten. Hermann war im April als Erster an der Reihe. Ihm war überhaupt nicht nach Feiern. Er wollte am liebsten verreisen und mit niemandem darüber sprechen. „Da musst du jetzt durch“, sagte Christa und kraulte ihm neckend die Schläfen, wo sich erste graue Haare zeigten. „Du hast gut reden, du bist ja noch ein so ein junges Ding“, sagte Hermann zärtlich. Christa war drei Monate jünger. Die 50 sah man ihr nicht im Geringsten an. Reisepläne gab es trotzdem. Im Juli, kurz nach ihrem Geburtstag, reisten sie nach Den Haag zum North Sea Jazz Festival. Sie hatten sich sündhaft teure Drei-Tages-Tickets gegönnt. Zuletzt waren sie 1979 dort gewesen und hatten an einem Tag Count Basie, Ella Fitzgerald und das Chet Baker Quartet erlebt. Den Entschluss zu dieser erneuten Holland-Reise trafen sie ganz spontan. Der von Hermann so verehrte Chet Baker war im Mai auf tragische Weise ums Leben gekommen. Er war unter Drogeneinfluss aus dem Fenster eines Amsterdamer Hotels gestürzt. Viele der Künstler, die nun beim Festival auftraten, erinnerten an ihn oder widmeten ihm Stücke, darunter Miles Davis und seine Band als Top-Act. Sie sahen auch Lionel Hampton, James Brown und das Ray Charles Orchestra – es herrschte eine eigentümliche, mitunter sehr melancholische Stimmung.

Wenige Tage nach ihrer Rückkehr begann die Saison 1988/89. Die ersten drei Spiele brachten Niederlage, Sieg und ein Unentschieden – es sah nicht nach einer herausragenden Spielzeit aus. Dann plötzlich rückten der Fußball, die Frisurenmode, die Jazzmusik, ja so ziemlich alles, was ihr Leben ausmachte, in den Hintergrund. Als Christa an jenem Donnerstag, dem 18. August, gegen 10.00 Uhr ihren Salon in der Kölner Ladenstadt aufschloss, deutete noch nichts darauf hin, dass sich dieser Tag für immer in ihr Gedächtnis eingraben würde. In der Fußgängerpassage Kölner Ladenstadt, umgeben vom Pressehaus, den WDR-Gebäuden, Oper und Schauspielhaus, bekam man von dem, was auf der Straße oder in der benachbarten Fußgängerzone Breite Straße passierte, normalerweise nicht viel mit.

Leider auch nicht viel vom sommerlich warmen Wetter, doch das war Christa egal. Sie hatte trotzdem gute Laune. Gegen Viertel nach elf kam die erste Kundin aufgeregt herein. Christa hatte sich schon gewundert, denn sie war nicht, wie es sonst ihre Gewohnheit war, auf die Minute pünktlich zu ihrem Elf-Uhr-Termin erschienen. „Sie sind hier. Draußen auf der Breiten Straße“, stieß sie atemlos hervor. „Wer ist hier? Die Außerirdischen? Die Russen? Ich hab’s ja immer gewusst, dass sie als Erstes zu mir kommen würden“, gab Christa scherzhaft zurück. „Die Geiselgangster. Sie stehen mit ihrem Wagen auf der Breiten Straße“, erwiderte die Kundin aufgewühlt. Erst jetzt bemerkte Christa, dass sie zitterte. Sie begriff sofort, wer gemeint war. Es gab seit zwei Tagen kein anderes

Thema mehr. „Setzen Sie sich erst mal. Sind Sie sicher?“ – „Ja, und da sind hunderte Schaulustige drum herum. Es ist wie im falschen Film.“ – „Was? Scheiße!“, entfuhr es Christa. Durch die Glasfront des Ladens sah sie, wie Menschen eilig Richtung Fußgängerzone hasteten. In den Laden kam niemand mehr. Viele Termine hatte sie für diesen Vormittag sowieso nicht vereinbart, da sie alleine im Salon war. Ohne neuen Haarschnitt verließ die erste Kundin die Einkaufspassage in Richtung Oper, sie vermied es also, zurück zur Breiten Straße zu gehen. Einige Läden hatten bereits geschlossen oder die Jalousien heruntergelassen. Im großen Musikgeschäft schräg gegenüber sah Christa eine einzelne Verkäuferin stehen. Sie schien genauso verängstigt zu sein wie sie selbst. Sie blickten sich stumm und kopfschüttelnd an. Keine von beiden, wusste, was sich draußen gerade abspielte. Christa wollte bestimmt nicht zu den Gaffern gehören. Sie ging zurück in ihren Salon und schloss von innen ab. Erst als gegen 12.00 Uhr wieder mehr Menschen durch die Einkaufspassage gingen, schloss sie wieder auf. Sie schaltete das Radio an. Schon bald kamen Berichte über das, was passiert war.

In Bayenthal hörte Hermann zur selben Zeit die Nachrichten. Er rief Christa an, weil ihm klar war, dass sie in unmittelbarer Nähe gewesen sein musste. Sie klang gefasst, aber Hermann hörte an ihrer Stimme, dass sie geschockt war. Er riet ihr, den Salon zu schließen und sie verabredeten sich für den Abend.

Was an diesem Tag passiert war, ging beiden für die nächsten Wochen und Monate nicht aus dem Kopf. Immer wieder drehten sich die Gespräche mit Kunden um die Ereignisse, um die Opfer und um das, was man am liebsten mit den Tätern machen würde.

Hermann war nachdenklicher geworden, grüblerischer. Es dauerte, bis er wieder Lust auf Fußball bekam. Im März 1989 schaute er sich das Spiel Fortuna Köln gegen Wattenscheid 09 an. 10.000 Zuschauer wollten das Spiel des Tabellenführers gegen den nur um einen Punkt schlechter rangierenden Tabellenvierten sehen. Die 90 Minuten im Südstadion sollten in die Vereinsgeschichte eingehen. Für viele war dies noch Jahre später die bewegendste Partie einer Fortuna-Mannschaft überhaupt. Sie lagen schon in der dritten Minute zurück, kassierten nach dem zwischenzeitlichen Ausgleich noch zwei weitere Treffer. Das 2:3 kurz vor der Pause weckte wieder Hoffnung. Als der Rückstand kurz nach dem Wiederanpfiff binnen zwei Minuten gedreht war und die Fortuna in der 73. Minute sogar auf 5:3 erhöhen konnte, schien es jedoch, als sei der Verein nun endgültig auf der Siegerstraße und könne seinen Spitzenplatz verteidigen. Drei Wattenscheider hatten etwas dagegen: Uwe Tschiskale, Maurice Banach und Stefan Emmerling. Sie schossen die Tore vier, fünf und sechs für ihr Team. Alle Torschützen waren auf der Anzeigetafel aufgeführt, und als das Endergebnis von 5:6 feststand, war darauf kein Platz mehr frei.

Immerhin hatte das Spiel dazu beigetragen, dass Hermann nicht mehr so häufig wie noch zuvor an das Gladbecker Geiseldrama denken musste. Und Fortuna erholte sich von dem Rückschlag und eroberte die Tabellenführung einige Wochen später wieder zurück.

Fünf Spieltage vor Saisonschluss schwelgte sogar die Kölner Sportpresse in Aufstiegsträumen und schwärmte von den Stars der Mannschaft: Tony Woodcock, Anthony Baffoe und Uwe Fuchs. Ein kleiner Rückschlag in Darmstadt blieb ohne Auswirkungen auf die Tabellensituation. Am drittletzten Spieltag sollte im Spiel gegen den VfL Osnabrück, der ziemlich weit unten in der Tabelle rangierte, ein vorentscheidender Schritt in Richtung Aufstieg gemacht werden. Ein Festtag sollte es werden, musikalisch untermalt von der jungen Band „De Drei Söck", die in der Halbzeit eine neue Vereinshymne uraufführen wollte.

Es war eines der wenigen Spiele, bei dem Hermann vom Angebot Gebrauch machte, das Spiel im Innenraum verfolgen zu können. Also dort, wo sich gewöhnlich Schang und die übrigen Verantwortlichen aufhielten. Etliche Freunde und Geschäftspartner tummelten sich ebenfalls auf der Laufbahn. Es war regnerisch und Fortuna tat sich schwer. Die Mannschaft, die bis dahin 76 Tore erzielt hatte, also im Schnitt zwei Tore pro Spiel, wirkte heute ideenlos.

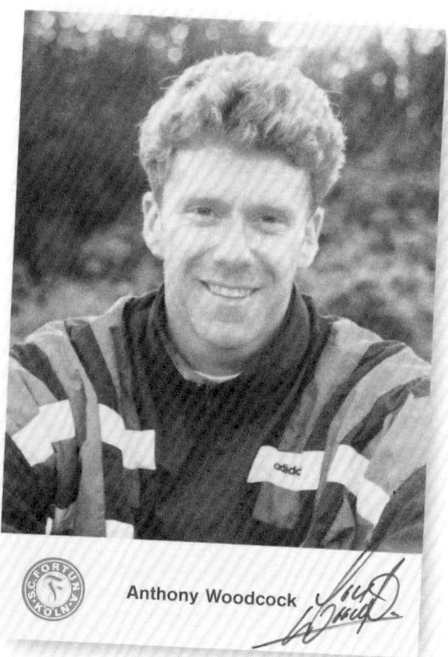

Tony Woodcock wurde zum Idol aller kölschen Fans.

Die euphorische Stimmung war schnell verflogen, als die Gegner mit 2:0 vorne lagen.

Hermann stand in der Nähe des Spielertunnels. Die Musiker und ihre Techniker hatten sich schon im Durchgang postiert. Sie schauten nicht gerade fröhlich. „Ich glaub, wir spielen besser gar nicht“, sagte einer von ihnen und schien das sogar ernst zu meinen. „Quatsch, kommt überhaupt nicht in Frage“, sagte ein anderer. Er war etwas größer als die beiden anderen aus dem Trio und schien der Chef zu sein. Detlef Lauenstein.

„Wir drehen das Spiel noch!“, rief er nach dem wenig begeisternden Vortrag der Band ins Mikrofon. Nach dem Anschlusstreffer, den Stephan Engels per Foulelfmeter erzielt hatte, sah es zwar zwischenzeitlich danach aus, doch das 1:3 kurz vor Schluss ließ alle Fortunaträume platzen. Die Saison beendete die Mannschaft auf dem 4. Rang.

Angezählt

JAKO
Ricola
TOYOTA
Dorint
Coca-Cola
COLONIA
Gaffel
TOYOTA
taxofit

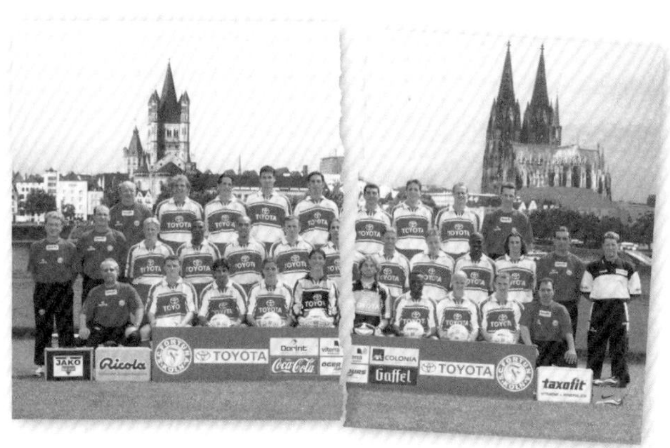

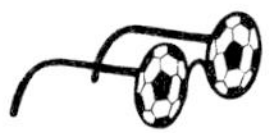

„Sag hür ens, Menn, wat wor dann bei dinger Fortuna loss?" Jupp Schmalhaus hatte die Salontür aufgerissen. Seine aufgeregte Frage wurde vom schrillen Klingeln der Türglocke untermalt. Auch sein leicht übergewichtiger Mops schien ganz aufgeregt. Mit hängender Zunge und stierem Blick schaute er Hermann an, als ob auch er auf Antwort warten würde. Er hechelte. Jupp kam weniger zum Haareschneiden, sondern wollte nur Neuigkeiten verbreiten – oder erfahren, je nachdem, wie man das sehen wollte. Es war halb zehn und noch gar nicht richtig hell draußen an diesem 16. Dezember 1999. Hermann war sofort klar, worauf Schmalhaus' Jupp, der schon ewig im Viertel lebte, anspielte. „Em Radio hätt sich der Kommentator bal ja nit mieh enkräje", ereiferte sich Jupp und schloss mit gesenkter Stimme und kopfschüttelnd die Frage an: „Stemmp dat wirklich? Hätt dä Schäng dä Tünn erussjeworfe? Einfach esu? Dat jitt et doch jar nit!"

Was sollte er sagen? Ja, es stimmte. Harald „Toni" Schumacher war nicht mehr Trainer des S.C. Fortuna Köln. In der Halbzeit gefeuert. Hermann fühlte sich mit seinen mittlerweile 61 Jahren zu alt, um deswegen Schnappatmung zu bekommen. Er hatte ja selber mitbekommen, wie am gestrigen Abend im Südstadion Fußballgeschichte geschrieben worden war. Die Wut der Fans auf Stehplatz-Mitte, also derjenigen, die der Trainerbank immer am nächsten waren – abgesehen vom Präsidenten und seiner mal mehr mal weniger großen Entourage. Inmitten dieser vielen Schulterklopfer hatte sich Hermann nie so recht wohlgefühlt. Wie aus Trotz war er an diesem diesigen, kalten, typischen Kölner Winterabend auf die unüberdachten Stehplatzränge gegangen, um das Spiel gegen Waldhof Mannheim anzuschauen. Er hatte es in der letzten Zeit ohnehin oft als Masochismus empfunden, ins Stadion zu gehen. Was spielte also das Wetter schon für eine Rolle?

Wie schon seit Wochen musste er auch dieses Mal furchtbaren Fußball ertragen. Mit 0:2 war die Mannschaft zur Halbzeit noch gut bedient. Der Gang in Richtung Kabine war ein Spießrutenlauf.

Spieler, Trainer, Assistenten – alle wurden zum Teufel gewünscht. Als einer der Letzten stapfte Schang auf das Marathontor in der Mitte der Stehplatztribüne zu. Wie immer hatte er den Mantel offen, obwohl die Temperatur nur knapp über null lag. Ihre Blicke trafen sich kurz. Wortlose Verzweiflung, während die heiser herausgeschrienen Beschimpfungen kein Ende nehmen woll-

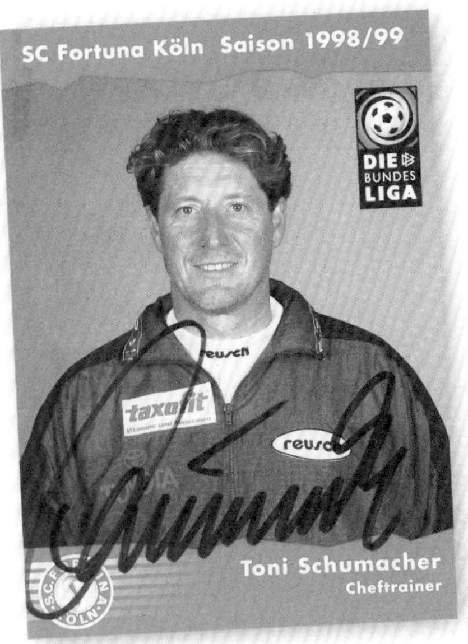

Cheftrainer Toni Schumacher.

ten. Schang blieb vor dem Zaun kurz stehen und breitete ratlos die Arme aus. „Wat soll ich dann maache?“, rief er. In diesem Moment schrie jemand voller Wut zurück: „Schmieß en eruss!“

Noch oft erinnerte sich Hermann später an die Szene und an all das, was er danach noch darüber gelesen hatte. Vom Handgemenge in der Kabine, den Beleidigungen, von der Branntweinflasche bei der Pressekonferenz, an der sich Jean Löring bediente, während er den Reportern diktierte: „Ich als Verein musste reagieren.“ Sein Freund Schang kam ihm damals vor wie jener Boxer, der den Ringrichter niedergeschlagen hatte. Fast ein halbes Jahrhundert war das nun her, dass Schang ihm von diesem seltsamen Kampf des Peter Müller im Kölner Eisstadion berichtet hatte. Von der unkontrollierbaren Sturheit dieses Boxers, den auch danach niemand hatte bändigen können. Er hatte Sekundanten rabiat aus dem Ring befördert, nach jedem geschlagen, der Hand an ihn zu legen versuchte und sich schließlich gehetzt den Weg durch eine johlende Menschenmenge gebahnt, die nicht wusste, ob sie einen Kämpfer oder einen Clown feiern sollte. Aber genau das hatte Schang ganz offenkundig fasziniert. Mehr noch: Er hatte sich in dem Moment identifiziert mit jenem Sportler, obwohl es gegen jede Vernunft gewesen war. Nicht viel anders hatte es sich nun an diesem Dezemberabend zugetragen. Und ein Boxer war der Schang ja irgendwie auch immer gewesen. Einer, der es – wenn es sein musste – auch mit drei Gegnern aufnehmen konnte. Aber jetzt war er angezählt.

✂

Das Jahrzehnt hatte hoffnungsvoll begonnen – zumindest für die Millionen von Deutschen, die die „Wende“, den Fall der Mauer und die Wiedervereinigung bejubelt hatten. Hermann verfolgte das eher leidenschaftslos. Wenn er in der Innenstadt unterwegs war, was nicht häufig vorkam, fielen auch ihm manchmal Touristen aus der DDR auf. Meist waren sie in Gruppen unterwegs, fast immer im Rentenalter und oft alle in einheitlichem Grau-Beige gekleidet – Frauen wie Männer. Es war Sommer und die neue Saison hatte noch nicht begonnen, als er an einem warmen Montagvormittag mal wieder einen Spaziergang zum Trainingsgelände neben dem Südstadion machte. Am Eingang zur Geschäftsstelle lief ihm Schang über den Weg. Drei junge Männer waren in seiner Begleitung. Es mussten neue Spieler sein, Hermann kannte die Gesichter nicht. „Tach, Menn", begrüßte ihn Löring offensichtlich gut gelaunt. „Wie is et. Du fährst doch auch mit nach Dresden?", fragte er ohne Umschweife. „Dresden? Was willst du denn da?", fragte Hermann verdutzt zurück. Doch dann begriff er schnell. Ein Ablösespiel war geplant gegen Dynamo Dresden. Die drei Spieler waren Hans-Uwe Pilz, Matthias Döschner und Erich Trautmann. Die Namen hatte er kurz zuvor in der Zeitung gelesen und sich gedacht: „Er will es also doch noch einmal wissen."

Es waren klangvolle Namen, Nationalspieler, Europacup-Teilnehmer. Trautmann durfte sich sogar DDR-Fußballer des Jahres nennen. Eine halbe Million D-Mark kostete das Trio aus Sachsen. Fortuna, oder besser Löring, befand sich in illustrer Gesellschaft, was die Verpflichtung von Spielern aus der DDR anging. Wer in diesen Zeiten im Westen etwas auf sich hielt, schaute sich im Osten nach Verstärkung um. Leverkusen hatte Ulf Kirsten und Andreas Thom geholt, der VfB Stuttgart Matthias Sammer.

Schang hatte zu den ersten gehört, die die Fühler über den bröckelnden Eisernen Vorhang hinweg ausgestreckt hatten. Der geschickte Wolfgang Fahrian, der sich eines „Vertrags auf Lebenszeit" bei der Fortuna erfreute, hatte den Transfer eingefädelt. Mit Victor Passulko war ein namhafter russischer Vize-Europameister von Dynamo Moskau an den Rhein geholt worden, der schnell zum Kopf der Mannschaft wurde. Und das, obwohl er anfangs kaum ein Wort Deutsch konnte. Verstärkung hatte ohnehin Not getan. Das starke Team der Saison 1988/89, das so lange die Hoffnung auf eine Rückkehr in die Bundesliga wachgehalten hatte, war auseinandergebrochen. Uwe Fuchs, der 22 Treffer erzielt hatte, und Tony Baffoe wechselten nach Düsseldorf. Christiaan Pförtner war ebenfalls weg. Stephan Engels und Tony Woodcock beendeten ihre Karrieren.

Nun also der Neustart mit den alten Recken aus dem Osten. Alle drei schon über die 30, was immerhin für jede Menge Routine sprach – woran es andererseits bei der Fortuna mit Leuten wie Jarecki, Gede und Hupe eigentlich nicht mangelte.

Aus mehreren Gründen ging die Rechnung nicht auf. Autos und Reihenhäuser für die Spieler und ihre Familien konnten die noch tiefe Kluft zwischen Ost und West nicht schließen. Hermann vermied das Thema. Er hatte erlebt, wie seinerzeit schon Julio Baylon vergeblich den Anschluss an die Mannschaft gesucht hatte. Nach einem halben Jahr kehrten zwei Spieler – Pilz und Trautmann – wieder nach Dresden zurück. Wie Schang es geschafft hatte, dass Dynamo für das Duo 500.000 Mark überwies, verriet er selbst Hermann nicht. Zumindest finanziell war es also kein Minusgeschäft gewesen. Matthias Döschner hielt noch ein paar Wochen länger buchstäblich die Knochen hin und erlitt in seinem 22. Spiel für Fortuna am 21. Februar 1991 – ausgerechnet am Jahrestag der Vereinsgründung – eine schwere Knieverletzung, die sein Karriereende bedeutete.

Somit erlebte er den Glanzpunkt dieses ansonsten eher tristen Jahres nicht mit. Darauf hatte zunächst wenig hingedeutet, als die Fortuna im DFB-Pokal-Wettbewerb in der dritten Runde Hansa Rostock zugelost bekommen hatte. Doch die Rostocker sorgten zunächst in der Bundesliga für Furore und kamen schließlich als Tabellenführer aus Liga eins zum Zweitligisten ins ansehnlich gefüllte Südstadion.

Und als solcher präsentierten sie sich denn auch. 2:0 aus Rostocker Sicht zur Halbzeit und 3:1 in der 84. Spielminute. Wie immer ärgerte sich Hermann über die Zuschauer, die sich maulend von den Sitzen erhoben und das Stadion verließen, als Hansa erneut mit zwei Toren Vorsprung führte. „So etwas macht man nicht. So lange die dicke Frau noch singt, ist die Oper nicht vorbei“, machte er seinem Unmut Luft. „Richtig! Außerdem haben die Jungs das nicht verdient“, pflichtete ein anderer bei. Und wie zur Bestätigung erzielten die Jungs dann noch einen Treffer. Victor Passulkos Tor fiel zwei Minuten vor Schluss. Das Publikum war plötzlich wieder wach geworden. Wer es noch mitbekommen hatte, kehrte zurück ins Stadion – und erlebte den Ausgleich in der letzten Spielminute.

Damit war die Verlängerung erreicht und jetzt spürte jeder, dass die Gäste nicht mehr die Kraft haben würden, sich dem drohenden Pokal-Aus zu widersetzen. Zwei Mal noch ertönte im Verlauf der Verlängerung die „Aida"-Melodie, ehe der Anhang das glückselige „Oh, wie ist das schön" anstimmte. 5:3 für Fortuna hieß es am Ende.

Wenn jemand an diesem Abend prophezeit hätte, dass sich die Fortuna ein Jahr später mit dem Abstiegsgespenst würde herumplagen müssen, wäre er wohl für verrückt erklärt worden. Doch genau das geschah. Die Saison 1991/92 wurde mit einer zweigleisigen 2. Liga ausgetragen. Damit sollte die Eingliederung der Clubs aus der ehemaligen DDR-Oberliga geregelt werden. Es gab eine Meisterrunde und eine Abstiegsrunde. In der fand sich die Fortuna wieder – am Ende sogar auf dem vorletzten Platz. Sportlich abgestiegen. Und doch gab es einen Hoffnungsschimmer, den ausgerechnet der Deutsche Fußball-Bund verbreitete. Dem Drittletzten der Nord-Gruppe – Blau-Weiß 90 Berlin – sollte die Lizenz für die 2. Liga entzogen werden. Der Berliner Club, Ende 1991 sogar noch „Herbstmeister", hatte einen sportlichen Sturzflug hinter sich und stand vor allem finanziell ziemlich schlecht da. Dieser drittletzte Platz berechtigte aber zur Teilnahme an der Relegationsrunde gegen den Drittletzten der Süd-Gruppe, 1860 München, und den TSV Havelse, die als Oberliga-Nord-Dritter die Ausscheidungsrunde erreicht hatten.

Dass Fortuna Köln überhaupt daran teilnehmen durfte, erfuhr Hermann aus dem Radio. Es war noch früh, er war gerade dabei, den Salon zu öffnen, als die Nachricht gemeldet wurde. Zunächst vermutete er einen Irrtum. Er wartete noch, bis Frau Vogel eintraf, eine Angestellte, die drei Mal in der Woche Kundinnen bediente. Da er selbst am Vormittag noch keine Termine hatte, wollte er sich rasch Gewissheit verschaffen. Wer hätte ihm besser Auskunft geben können als sein Freund Jean Löring. „Frau Vogel, ich muss dringend noch ein paar Besorgungen machen. Ich bin in einer Stunde, spätestens anderthalb, zurück. Wenn also ein Kunde kommt, soll er entweder warten oder später kommen", flunkerte er.

Es war ein warmer Vormittag, aber er nahm trotzdem lieber das Auto, um rasch zur Geschäftsstelle am Vorgebirgstor zu fahren. „Guten Tag, Herr Becker", begrüßte ihn die Sekretärin gewohnt freundlich. „Der Chef hat Besuch, ich höre mal nach, ob es grad passt", sagte sie und wenig später: „Sie können rauf zu ihm. Aber in ein paar Minuten muss ich ein paar Gespräche durchstellen. Die Presse ruft schon dauernd an. Möchten Sie vielleicht Kaffee?" – „Nein Danke, das ist sehr lieb von Ihnen", sagte er und gab ihr sein charmantestes Friseurlächeln zurück.

Gespannt und voller Neugier eilte er die Treppen hinauf und war zunächst einmal baff, einem Kunden zu begegnen. Nicht irgendeinem: Hannes Linßen kam ihm im Treppenhaus entgegen. „Oh, Herr Becker. Ja, so trifft man sich immer mal wieder. Gehen Sie nur rauf. Der Chef hat gute Laune", bemerkte er in seiner typischen Art, die immer einen Anflug von Ironie zu haben schien. Er war in Eile. Hermann dachte sich nichts dabei, den Co-Trainer des 1. FC Köln in der Geschäftsstelle von Fortuna zu treffen. Schließlich war er lange genug als Spieler und Trainer hier gewesen. Als er die schwere dunkle Eichentür zu Schangs Büro geöffnet hatte und eingetreten war, erschrak er. „Wie siehst du denn aus?!", entfuhr es ihm mit einer Mischung aus Schrecken und Amüsement. Schang war völlig verkatert. Das ließ sich nicht verbergen. Eine Flasche Mineralwasser und ein Glas standen auf einem Beistelltisch neben dem Schreibtisch. „Ich hab höchstens drei Stunden geschlafen", sagte Schang matt. „Bis drei Uhr hab ich mit denen vom DFB gezaubert", schob er grinsend nach. „Mit Erfolg offenbar. Ich hab es im Radio gehört", nickte Hermann anerkennend, „was habt ihr denn so lange beredet?" – Schang wurde ernst: „Kann ich dir im Detail nicht alles verraten. Dass Blau-Weiß die Lizenz nicht kriegte, war klar, aber ich musste wirklich kämpfen, damit die Fortuna in die Relegation kommt. Die wollten erst nicht." – „Und was macht dich so sicher, dass wir die anderen jetzt schlagen?", fragte Hermann vorsichtig. „Die schlagen wir", entgegnete Schang schroff. „Was wollte eigentlich der Linßen", fragte Hermann unvermittelt. Gab es hier vielleicht noch eine echte Neuigkeit zu erfahren? Schang nahm einen Schluck Wasser und verzog kurz das Gesicht. „Wird unser neuer Trainer", sagte er knapp, „aber das muss noch unter uns bleiben, Menn. Dass das klar ist!", schob er eindringlich nach. Das erklärte, weshalb es Hannes Linßen so eilig gehabt hatte. Er sei schon auf dem Weg zum Geißbockheim, um sich um eine Freigabe zu bemühen, verriet Schang. Man wolle Gerd Roggensack loswerden. Hermann nickte. Er hatte nicht vor, irgendwem etwas von dem Gespräch zu erzählen. Als Friseur wusste er, was Diskretion bedeutet. Das Telefon klingelte, der Express war am anderen Ende der

Leitung. Schang hob die Hand zum Gruß, nickte ein paar Mal und nahm das Gespräch an. Auf dem Weg zurück zum Salon sinnierte Hermann über die Härte im Fußballgeschäft und war froh, in einer völlig anderen Branche tätig zu sein.

Von einem Trainerwechsel hörte oder las Hermann zunächst nichts. Roggensack blieb im Amt, ebenso wie Hannes Linßen beim FC Assistent von Jörg Berger blieb. Roggensacks Team überstand die Relegationsrunde souverän, und das mit überraschend starker Unterstützung des Kölner Publikums.

In der anschließenden Saison mischte das Team, verstärkt durch Spieler wie Charles Akonnor, Roy Präger, Rene Deffke und Matthias Mink, in der 24 Mannschaften zählenden 2. Liga bis wenige Spieltage vor Schluss munter mit. Dennoch sickerte im Verlauf der Saison irgendwann durch, dass Hannes Linßen neuer Coach werden würde. Dessen somit dritte Amtszeit währte dann zwar gut zwei Jahre, endete aber vorzeitig im Oktober 1995 im Streit mit dem Präsidenten.

Hermann blieb eine Anekdote in Erinnerung: Als ein Auswärtsspiel in Jena anstand, nutzte er dies für ein verlängertes Wochenende zusammen mit Christa für Besichtigungen von Erfurt, Weimar und eben Jena. Sie waren erstaunt und bedrückt zugleich. Die Schönheit der Städte offenbarte sich erst auf den zweiten Blick. Immerhin gab es in Erfurt und Weimar nicht gar so viele Bausünden der Nachkriegszeit. Im Jenaer Stadion herrschte eine Atmosphäre, wie er sie vom Südstadion her kannte. Auch mit der Besucherzahl von 2.500 wirkte die Szenerie recht vertraut. Das Ernst-Abbe-Sportfeld war ähnlich groß und hatte eine Leichtathletikanlage um das Spielfeld. Es war ein zähes Spiel, in dem Fortuna in Führung ging, die Gastgeber das Spiel aber noch vor der Pause drehten. Die Kölner drängten auf den Ausgleich. Schüsse, die das Tor von Carl Zeiss Jena verfehlten hatten zur Folge, dass das Spiel ein Zeitlang unterbrochen war, weil sich die wenigen Balljungen ordentlich Zeit ließen, ehe sie die Bälle zurück ins Spiel brachten. Hermann saß auf der Tribüne so dicht hinter der Trainerbank, dass er mitbekam, wie die Kölner deswegen immer ärgerlicher wurden. Manager Jürgen Weinzierl wurde es schließlich zu bunt. Er betätigte sich als Balljunge, damit nicht zu viel Spielzeit verstrich und lief hinter dem Tor hin und her. Das wiederum missfiel den Ordnern, die ihn aufforderten, das zu unterlassen. „Ich habe denen gesagt, dass ich eine Innenraumakkreditierung habe und mich frei bewegen könne", erzählte Weinzierl später. „Na, das werden wir ja sehen", sagten die beiden Ordner und verschwanden. Der „Balljunge" aus Köln wurde einige Minuten später plötzlich unsanft von hinten gepackt. Handschellen klickten. Zwei Polizisten führten Weinzierl ab.

Hermann verfolgte mit Christa das ungewöhnliche Schauspiel. „Das ist ja fast noch besser als die Sache mit dem Flutlicht damals", freute sie sich. „Alles nur, um dir etwas zu bieten", witzelte Hermann. „Die Polizisten sind Schauspieler und die Handschellen auch nur Attrappen." Immerhin gelang den Kölnern sieben Minuten vor Schluss auch ohne ihren Balljungen noch der Ausgleich.

Nach Spielschluss schlenderten sie zum Ausgang. Hinter der Tribüne sahen sie den Mannschaftsbus aus Köln und beschlossen, noch ein paar Bekannte zu begrüßen. Schang stand vor dem Bus und ruderte mit den Armen. „Hast du den Weinzierl gesehen", fragte er aufgeregt, als Hermann und Christa näher kamen. Hermann zuckte die Schultern und berichtete, dass er in Polizeibegleitung aus dem Stadion geführt worden sei. „Der ist einfach weg! Der hat die Schlüssel vom Bus! Der muss uns doch fahren!" Schang fügte noch ein paar Flüche hinzu, entschuldigte sich aber sogleich bei Christa. Inzwischen waren immer mehr Spieler mit dem Umkleiden fertig und stellten ihre Sporttaschen mit fragendem Blick neben dem Bus ab. „Das gibt's doch nicht!" Schang wurde ungehalten und stapfte in Richtung Tribüne, wo sich auch der Presseraum befand. Nach einer Viertelstunde kam er zurück. „Die haben unseren Busfahrer festgenommen. Der ist auf der Polizeiwache", berichtete er. Unter den Spielern brach Gelächter aus. „Die sagen, das wäre nicht weit von hier." – „Kein Problem, wir fahren dich hin", sagte Hermann. Die Wache lag wirklich nur ein kurzes Stück entfernt. In ihrem Golf-Cabrio war es auf der Rückbank recht eng, aber für Christa und den Manager, beides schlanke Leute, sollte es kein Problem sein. Das Käfer-Cabrio hatte er nach vielen Jahren schweren Herzens an einen Oldtimer-Liebhaber verkauft. Es war im Alltag zunehmend unpraktisch geworden und schluckte außerdem zu viel Sprit.

Schang hatte sichtlich Mühe, sich unter Kontrolle zu halten, als er den Beamten klarzumachen versuchte, dass sie den Manager und Busfahrer von Fortuna Köln völlig grundlos festhielten. „Er hat sich den Anweisungen des Sicherheitspersonals widersetzt. Das ist eine Ordnungswidrigkeit. Darüber müssen wir erst ein Protokoll anfertigen", erklärten die Beamten. Der Thüringer Einschlag war unüberhörbar und trug nicht gerade zur Besserung von Schangs Laune bei. Er holte tief Luft: „Meine Herren, Sie haben doch sicher eine Betriebssportmannschaft …" – Kopfnicken. – „… die sich über eine Ballspende freuen dürfte …" – Schweigen. – „Gut, dann wäre das geklärt", ließ Schang keinen Widerspruch mehr zu.

✂

Nach dem Abschied von Hannes Linßen war mit Jürgen Gelsdorf ein Nachfolger schnell gefunden. Die so sehnsüchtig erhoffte Rückkehr in die Bundesliga stellte sich aber auch unter seiner Regie nicht ein. Eine vorzeitige Entlassung vier Tage vor Ende der Saison 1996/97 beendete auch diese Ära. Hermann hatte der Spielzeit wenig Beachtung geschenkt. An einem Sonntagmorgen, kurz nach Saisonbeginn, bekam er einen Anruf vom Seniorenheim, in dem seine Mutter lebte. Sie sei friedlich eingeschlafen. Ohne zu antworten, legte Hermann den Telefonhörer auf und ging in sein Wohnzimmer. „Everytime we say goodbye" von Chet Baker schien passend zu sein. Ingrid Becker, die bis zuletzt auf ihre Frisur großen Wert gelegt hatte, wurde 83 Jahre alt. Dann ging er zurück ins Schlafzimmer und war froh, dass Christa die Nacht bei ihm verbracht hatte. Sie schlief noch. Er legte sich behutsam neben sie, legte einen Arm um sie und schmiegte sich leise weinend an sie.

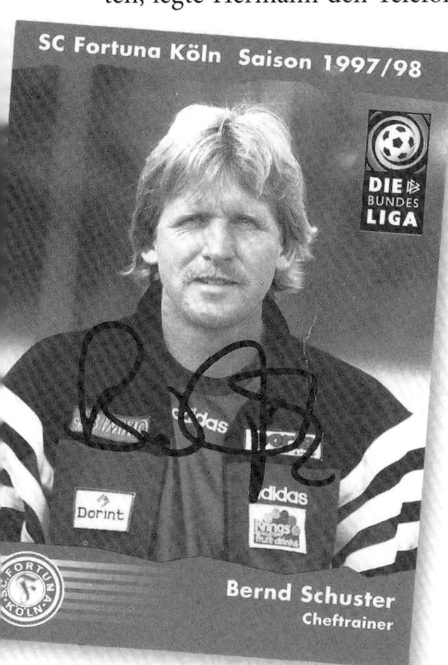

Cheftrainer Bernd Schuster.

Wenn Schang eine Angelegenheit, die den Verein betraf, partout geheim halten wollte, gelang ihm das meist auch. Dann wurde auch Hermann nicht eingeweiht. So war es im Sommer

1997 schon eine echte „Bombe“, als Jean Löring zur Pressekonferenz bat und niemand Geringeren als Bernd Schuster als neuen Trainer vorstellte. Der Europameister von 1980! Mehrfacher spanischer Meister und Pokalsieger! Der Mann, der 1994 die ersten drei Plätze bei der Wahl zum „Tor des Jahres“ belegt hatte! Aber auch ein Mann, der überall meist im Unfrieden gegangen war.

Es war Schmalhaus' Jupp, der an diesem Nachmittag mal wieder Neuigkeiten verbreitete: „Ich han et jrad op Radio Köln gehoot! Da biste platt, wat, Menn?“ Das war Hermann tatsächlich. „Wenn das kein Zufall ist“, sagte er amüsiert, „wir haben hier auch gleich einen blonden Engel!“ Er schob einen Wärmestrahler in Richtung einer Kundin, die mit lauter Aluminiumfolie auf dem Kopf wie eine Raumfahrerin aussah. Später würde er ihr die Haare noch voluminös föhnen und in der Mitte mit einem Haarband zu einem palmenartigen Zopf türmen. In eine Klatsch-Zeitschrift vertieft, genoss sie die nächsten zehn Minuten unter dem Infrarotlicht. Hermann legte ihr einen Schalter auf dem Schoß. „Wenn es zu heiß werden sollte, drücken Sie bitte. Ansonsten schaltet sich das Gerät nach zehn Minuten aus.“

Während Hermann den Topf mit den Resten der Koloration grob säuberte und die übrigen Werkzeuge beiseite räumte, fragte er Jupp aus. Die Neuigkeit war in den lokalen Nachrichten um 17.30 Uhr verbreitet worden. Der Vertrag sollte zunächst auf ein Jahr befristet sein. Jupp hatte sich also sofort auf den Weg gemacht. Die Freude darüber, dass er seinen Stammfriseur hatte überraschen können, war ihm anzusehen. „Dann bin ich mal gespannt, wie die Jungen demnächst spielen werden. Dat gucke ich mir auf jeden Fall an“, sagte er zum Abschied. Sein Hund, ein Mops, den er sich erst vor Kurzem zugelegt hatte, zog ihn ungeduldig nach draußen. Hermann blickte ihm nach und überlegte, ob er sich jemals einen Hund anschaffen würde, sollte er Witwer werden wie Jupp. Das Klingeln des Wärmestrahlers, der sich gerade ausgeschaltet hatte, erinnerte ihn daran, dass er einen Beruf hatte, den er immer noch sehr gern ausübte.

Die Ära Schuster begann mit einem Debakel. Mit sage und schreibe 6:2 verlor Fortuna Köln im DFB-Pokal beim Regionalligisten VfR Mannheim. Nur ein schwacher Trost war es für Hermann, dass sich am selben Tag auch der FC bei Ulm 1846 ordentlich blamiert, dem alten Verein von Wolfgang Fahrian. Es zeichnete sich schon in diesem ersten, ernsthaften Wettbewerb ab, dass Trainerneuling Schuster noch viel würde lernen müssen. Bisweilen wurde zwar hübsch gespielt, aber die Ergebnisse stimmten einfach nicht. Das besserte sich zunächst im Jahr 1998. Den Februar und den März überstand die Mannschaft ohne Niederlagen. Am Ende lautete die Schuster-Bilanz elf Siege, elf Niederlagen, 13 Unentschieden. Vor allem die drei Niederlagen in den letzten vier Saisonspielen trübten das Bild. Zu diesem Zeitpunkt war das Verhältnis zwischen dem Trainer und dem Präsidenten nicht mehr ganz so sonnig, wie es noch beim Vereinsjubiläum im Frühjahr ausgesehen hatte, das auf dem Severinskirchplatz gefeiert wurde. Familiär und kölsch. Hermann erinnerte es sehr an die Aufstiegsfeier 25 Jahre zuvor.

Im selben Jahr wurden zwei weitere Jubiläen begangen: Seit 175 Jahren gab es das Festkomitee Kölner Karneval. Bei den Karnevalisten herrschte prächtige Stimmung. Und schon 50 Jahre existierte auch der 1. FC Köln. Dort stellte sich im Verlauf des Jahres aber alles andere als Feierstimmung ein. Der erste Abstieg aus der Bundesliga konnte ausgerechnet in diesem Jahr nicht abgewendet werden.

„Jetzt packe mer se", sagte Schang in einer geselligen Runde in der Gaststätte *Schmitze Lang* an der Severinstraße. Nach der Jubiläumsparty war ein harter Kern um den Präsidenten in das nahegelegene Lokal gezogen, in dem Schang Stammgast war. Er war der festen Überzeugung, dass die Vormachtstellung des FC in der Stadt schon bald Geschichte sein könnte. Zu später Stunde verriet er im kleinen Kreis, dass der Trikotsponsor Toyota sich noch stärker finanziell einbringen wolle. „Leeven Schäng, willst du etwa mit der Fortuna nach Müngersdorf ziehen?", fragte jemand skeptisch. „Nein. Wir bleiben hier. Und warum sollte man hier nicht auch ein schönes, kleines Stadion gebaut kriegen. Eine reine Fußball-Arena. Das wäre was Neues in der Stadt", antwortete Schang. Weder er, noch die übrigen in der Runde – vorwiegend alte Schulfreunde und ein paar ehemalige Spieler – ahnten zu diesem Zeitpunkt, welch turbulente Phase in der Vereinsgeschichte damit anbrechen sollte. Jahre später fragte sich Hermann, ob es damals etwas genützt hätte, den Freund vor dem großen Wagnis zu warnen. Er hatte es nicht einmal versucht. Und auch sonst niemand.

Eine Woche nach der Jubiläumsfeier traf sich Jean Löring mit Trainer Bernd Schuster und dessen Ehefrau und Managerin Gaby in

Schangs prachtvollem Eifelschlösschen in Nideggen-Rath, um über die Verlängerung des Vertrags zu verhandeln. Es war ein Sonntag. Auf der Terrasse mit dem atemberaubenden Blick über das Rurtal war der Kaffeetisch gedeckt, als die Gäste eintrafen. Jean und Katharina Löring hießen schon am Eingangstor die Besucher willkommen. Eine familiär wirkende Szene. Zum Kaffee gab es Pflaumenkuchen.

Nicht einmal eine Stunde saßen sie zusammen, als Jean Löring auf den eigentlichen Grund des Treffens zu sprechen kam. Katharina Löring stand unter dem Vorwand auf, sich um das Abendessen kümmern zu müssen. Eine Hausangestellte bot frischen Kaffee und andere Getränke an und kümmerte sich um das Geschirr, als niemand mehr Kuchen wünschte. Löring war der einzige, der um einen Cognac bat. Er zündete sich eine Zigarette an. Für ihn war es nur noch Formsache, den Vertrag zu verlängern. Er hatte sich mit Bernd Schuster bereits per Handschlag auf eine weitere Zusammenarbeit geeinigt. Gaby Schuster nahm das Vertragsdokument, schob ihre Sonnenbrille ins Haar und schaute ernst auf das Papier. Ihr Mann saß beinahe teilnahmslos daneben. Nach einigen Minuten legte Gaby den Vertragsentwurf wieder auf den Tisch mit der großgeblümten Tischdecke. „Mein Mann und ich müssen uns das noch überlegen." – „Gut", sagte Jean Löring, „schlafen Sie noch eine Nacht drüber. Wir können das auch morgen im Büro unterzeichnen. Auf einen Tag mehr oder weniger kommt es nicht an." – „Wir brauchen vier Wochen Bedenkzeit", sagte Gaby Schuster. Löring stellte nervös die Kaffeetasse ab. Es klirrte leise. Er griff zum Cognacschwenker und leerte ihn in einem Zug. Er stemmte seine Hände auf beide Knie und starrte an den beiden Gästen vorbei. „Verstehe ich das richtig?", begann er und klang mühsam beherrscht. „Sie verlangen, dass wir noch weitere vier Wochen bis zum Saisonbeginn verstreichen lassen, um erst dann Klarheit zu haben, wer überhaupt die Mannschaft trainiert?" Er schaute sie zornig an. Gaby Schuster erwiderte den Blick mit eisiger Miene. Bernd Schuster zog mit Daumen und Zeigefinger einer Hand seinen Schnurrbart in Form und dabei die Mundwinkel nach unten. Er starrte wortlos in die Luft. „Und was, denken Sie, sollen wir während der ganzen Zeit machen? Däumchen drehen und zusehen, wie alle anderen uns die besten Spieler wegschnappen?" Löring hatte sich in Rage geredet. Er wurde noch lauter: „Entweder, Sie unterschreiben das hier und jetzt, oder Sie können es vergessen." Bei dem Satz hatte er im Takt mit dem Zeigefinger auf das Papier getippt. „Ich lasse nicht mit mir den Molli machen."

„Es bleibt dabei", sagte Gaby Schuster ungerührt, „vier Wochen." – „Dann ist ihr Mann zum Monatsende nicht mehr Trainer des S.C. Fortuna Köln. Danke, das war es. Ich bin sicher, Sie finden alleine nach draußen", sagte Jean Löring und drehte seinen Stuhl demonstrativ von ihnen weg. Er blickte über das Rurtal. Es war Zeit für Plan B.

Zwei Tage später tauchte Schang überraschend im Salon auf. Ein Haarschnitt und ein Plauderstündchen. „Menn, du wirst es nicht glauben. Der Schuster ist bald nicht mehr unser Trainer", verriet er dem verblüfften Hermann. „Sag bloß. Wie kommt das denn?" Schang erzählte daraufhin, wie die sonntägliche Vertragsverhandlung gelaufen war. Er schien inzwischen eher davon amüsiert. „Schang, du würdest mir das nicht alles so freimütig erzählen, wenn du nicht schon jemand in der Hinterhand hättest", vermutete Hermann. Dafür kannte er seinen Freund mittlerweile zu gut. „Du wirst es ja sowieso bald erfahren. Also: Toni Schumacher wird unser neuer Trainer."

Am nächsten Tag stand es in der Zeitung, allerdings erst auf der zweiten Sportseite. Auf der ersten stand die neue Trainerverpflichtung des 1. FC Köln. Und die lautete: Bernd Schuster. Jetzt waren die Hüte endgültig in den Ring geworfen. Die Saison 1998/99 – die erste gemeinsame Zweitligasaison von Fortuna und FC.

Wenn er in den Wochen bis zum Saisonbeginn Zeitung las, erschrak Hermann jedes Mal. Der neue Trainer übte sich schon kräftig als Lautsprecher. Natürlich wurde er fortwährend von Journalisten auf die Rivalität zum FC angesprochen, dessen Torwart er 15 Jahre lang gewesen war und der ihn nach mehr als 400 Spielen wegen seines „Enthüllungsbuches" gefeuert hatte. Im Salon und in der Kneipe bekam Hermann mit, wie sich allmählich eine brisante Stimmung unter den Fußballfreunden in der Stadt aufbaute.

Mit drei Siegen zu Saisonbeginn machte die Fortuna eine weitere Kampfansage in Richtung des Lokalrivalen. Doch war es mit der Herrlichkeit in der Südstadt rasch vorbei. Bis zum ersten direkten Aufeinandertreffen im Müngersdorfer Stadion am 9. Spieltag gewann die Fortuna kein Spiel mehr. Trotzdem war Hermann gespannt auf dieses Derby nach so langer Zeit. Deswegen hatte er sich mit Schang in dessen Büro Am Vorgebirgstor verabredet. Der „Boss" hatte in seinem Reich im obersten Stockwerk des Gebäudes alle Hände voll zu tun. „Das Telefon steht nicht still. Du kannst es dir nicht vorstellen, was los ist", sagte Schang. Er saß hemdsärmelig in seinem lederbezogenen Bürostuhl, die Krawatte wie üblich gelockert. Stapelweise Post lag auf dem Schreibtisch vor ihm. Mit ziemlicher Sicherheit ging es in erster Linie um seinen Fußballclub und weniger um den Betrieb, den er schließlich auch immer noch leitete. Das Derby war seit Wochen das Gesprächsthema in der Stadt.

„Frau Renner, die nächsten zehn Minuten keine Telefonate nach oben, bitte", sagte Schang in die Haussprechanlage. Es war ihm anzumerken, dass er es genoss, ein gefragter Mann zu sein. Doch warum nicht ein wenig über alte Zeiten reden. „Was macht der Salon?" Hermann kam nicht dazu, zu erzählen, wie gut es gerade lief. Und er war sich auch nicht sicher, ob Schang sich wirklich für Strähnchen, Wasserstoffperoxid und Löwenkopffrisuren interessierte. Die Sprechanlage ertönte. „Herr Löring, der Herr Niedecken kommt kurz nach oben." Es klopfte auch schon. Tatsächlich stand Wolfgang Niedecken, der Sänger der Gruppe BAP, im Büro. „Ich dachte, ich komm noch mal rauf in die Stuckhölle vom Schäng", feixte er vergnügt. Der Fortuna-Präsident und der Musiker begrüßten sich herzlich. „Wenn ich zwei Karten kriegen könnte, wär das super. Mein alter Kumpel Hein will nämlich auch mit." – „Kein Problem!

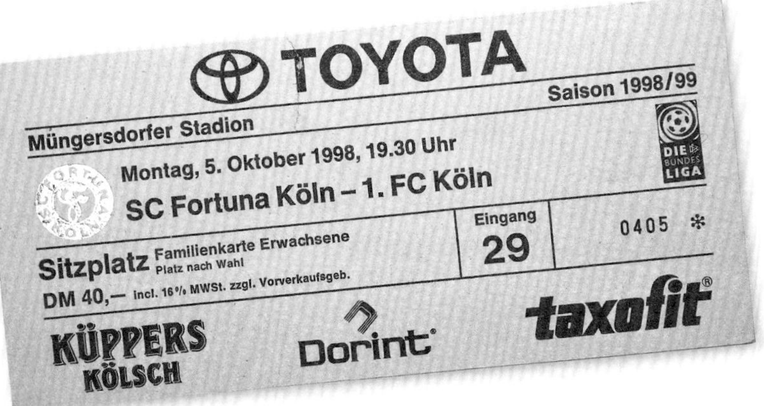

„Platz nach Wahl" in Müngersdorf.

Darf ich euch kurz bekannt machen: Das ist mein alter Freund Hermann Becker, genannt Menn.“ Wolfgang Niedecken schüttelte Hermann die Hand. „Ich bin der Wolfgang.“ – „Ich hab Sie 1982 im Müngersdorfer Stadion gesehen, pardon: Dich gesehen“, sagte Hermann, ein bisschen überrumpelt von der unerwarteten Begegnung. Eigentlich war er damals mit Christa wegen der Rolling Stones zu diesem Konzert gegangen. Wenn die schon mal in der Stadt waren …, aber BAP hatte nicht nur sie ziemlich überrascht. „Wirklich ein sagenhafter Auftritt, das ganze Stadion hat getobt!“ – „Ja, das war schon ein Superding. Am Engk e bessje zo koot“, sagte Niedecken augenzwinkernd. Sie hatten nur eine Dreiviertelstunde Auftritt gehabt, weil noch Peter Maffay und die J. Geils Band im Programm waren. Schang mischte sich ein: „Ich hoffe, du hältst dieses Mal zum richtigen Verein.“ – „Immer diese Bekehrungsversuche“, grinste der Musiker. Er verhehlte nicht, dass er die Daumen wohl dem FC drücken würde. „Natürlich gönne ich es euch auch“, schob er beschwichtigend nach, um dann noch davon zu schwärmen, wie gern er früher auch zu Fortuna-Spielen gegangen sei. „Einmal sind wir sogar mal mit ein paar anderen Kneipengästen vom Artushof spontan in einer Kasten-Ente nach Wuppertal gefahren zu einem Auswärtsspiel. Das war echt ’ne geile Aktion.“

Mit dem überraschend deutlichen 4:2 über den 1. FC feierten die Südstädter schließlich einen Erfolg, der in mehrfacher Hinsicht Genugtuung bedeutete. FC gegen Fortuna, Schumacher gegen Schuster, David gegen Goliath. Auch das Rückspiel im April 1999 konnte die Fortuna für sich entscheiden. Dieses Mal mit 3:0. Das Bemerkenswerteste an diesem Ergebnis fiel aber offenbar nur Hermann auf: Es war das einzige gewonnene Spiel in der gesamten Rückrunde.

Trainer Schumacher durfte trotzdem weitermachen. Vor dem erneuten Machtkampf mit dem Lokalrivalen aus Müngersdorf sollte er die Mannschaft verstärken. Zusammen mit Marketingleiter Markus Bockelkamp holte er neue Spieler. Beide reisten dabei viel durch Osteuropa und Asien. Das übergeordnete Ziel ihrer Bemühungen war klar: Bundesliga. Sogar ihre Ideen für ein neues Südstadion Am Vorgebirgstor samt Einkaufscenter lancierte das Duo in die Medien. Allein der erhoffte Erfolg blieb aus. Ein iranischer Torschützenkönig erfüllte nicht ansatzweise sein selbst ge-

gebenes Versprechen, eine vielsprachige Abwehrreihe erwies sich als Unsicherheitsfaktor, Talente aus Italien und den Niederlanden kamen praktisch nie zum Einsatz. Am Ende der anderthalb Jahre währenden Ära Schumacher sollten Spieler aus 18 verschiedenen Nationen das Fortuna-Trikot getragen haben.

„Wir sind auf dem Wege, Deutschlands schlechteste Profi-Mannschaft des Jahres zu werden", unkte Schang bereits im Herbst des Jahres 1999. Mit dem Trainer wechselte er praktisch kein Wort mehr. Auch eine Reihe von Spielern hatte bereits seit Längerem ein angespanntes Verhältnis zum ehemaligen Nationaltorwart, der in der Stadt von allen nur „Toni" gerufen wurde.

Irgendwann im Vier-Augen-Gespräch erwähnte Schang gegenüber Hermann einmal, dass er sich wohl in der Winterpause von Schumacher trennen müsse. Er habe schon einen neuen Kandidaten an der Angel. Einen Namen nannte er jedoch nicht.

Sollte es den überhaupt jemals gegeben haben, wird er sich ein Engagement unter Hans Löring sofort aus dem Kopf geschlagen haben, als die Nachricht vom Rauswurf Schumachers die Runde machte. Ein neuer Name tauchte erst auf, als tatsächlich ein Nachfolger präsentiert wurde: Hans Krankl, „Held von Cordoba" – aus österreichischer Sicht. Der ehemalige Starfußballer der Alpenrepublik plauderte bei seiner Vorstellung: „Sie wollten mir einen längeren Vertrag anbieten, aber ich habe bis Sommer unterschrieben. Wir sollten uns erst kennenlernen."

Präsident Löring machte gute Miene dazu: Er musste froh sein, überhaupt einen Trainer gefunden zu haben, hatte er sich doch in den Wochen zuvor eine Absage nach der anderen eingehandelt. Zuletzt von Franz Gerber, in Hannover zurückgetretener Manager. Paul Linz blieb lieber in Trier, obwohl dem Regionalligisten der Konkurs drohte, und Ernst Middendorp zog es vor, in Nürnberg zu bleiben, auch wenn dort bereits Unterschriften gegen seine Verpflichtung als Sportdirektor gesammelt wurden.

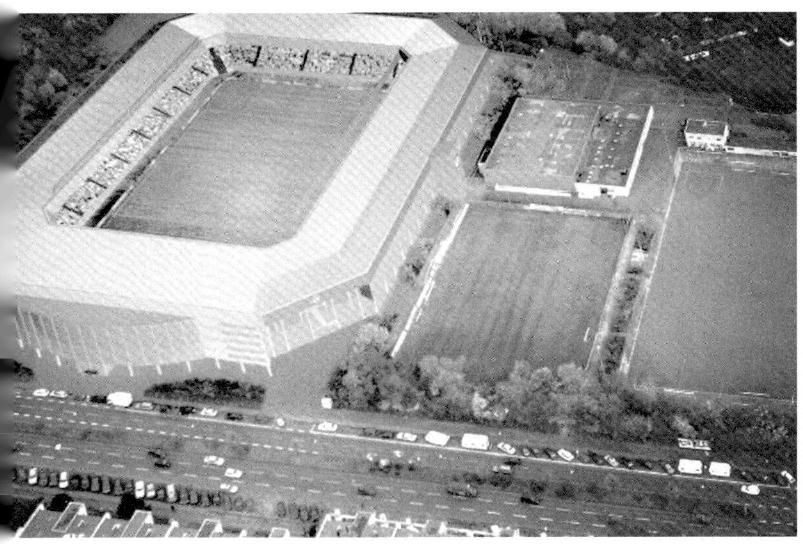

Kicken und Shoppen am Vorgebirgstor: Es blieb beim Modell.

Klinkenputzen in der Südstadt

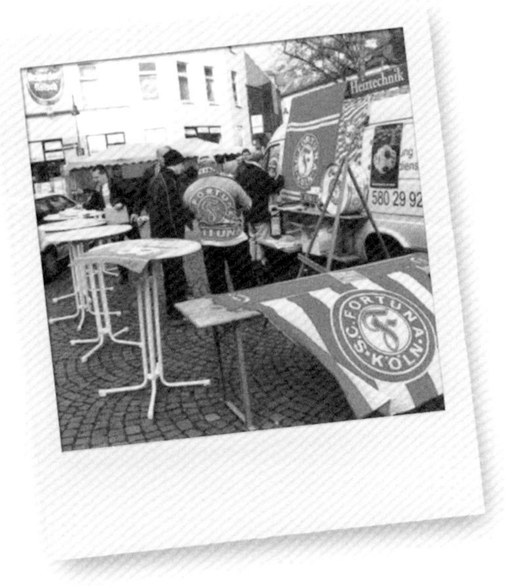

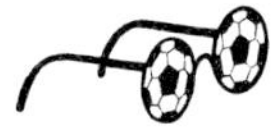

Ein nasskalter, ungemütlicher Tag war dieser 12. Dezember 2004. Aber selbst bei strahlendem Sonnenschein wären wohl nicht mehr als die knapp 100 Unentwegten zum Spiel S.C. Fortuna Köln gegen Wuppertaler SV Borussia II gekommen. Auch Hermann hatte sich aufgemacht. Mehr als eine Stunde hatte er von Bayenthal aus mit verschiedenen Bussen ins Stadion gebraucht. Christa benötigte den Wagen für eine weihnachtliche Shopping-Tour. Sonst stand er meist vor seiner Wohnung in Bayenthal, weil sich dort leichter ein Parkplatz finden ließ als in Sülz.

Hermann ahnte nicht, dass es für viele Monate das letzte Heimspiel des einstigen Zweitligisten sein würde. Schon im dritten Jahr spielten sie nun in der viertklassigen Oberliga Nordrhein. Oft war der Verein der Zeitung nur noch eine Randnotiz im Lokalsport wert. In der laufenden Saison hatte seine Fortuna ein einziges Spiel gewonnen. Die Niederlagen, die sich seitdem aneinanderreihten, waren nicht nur frustrierend, die Spiele waren zum Teil auch einfach absolut nicht sehenswert.

Warum er trotzdem immer mal wieder Spiele der Mannschaft besuchte, war ihm selbst nicht so ganz klar. Sicher hatte es auch damit zu tun, dass er mit seinem alten Freund immer noch oft über die Fortuna sprach. Schang lebte inzwischen in einer winzigen Wohnung in Zollstock. Bei jedem Besuch fragte er: „Un, wat mäht de Fortuna?“ Das lenkte ihn von seiner Krankheit und von den Schmerzen ab – obwohl er darüber nie klagte. Dass Hermann fast nur von Niederlagen berichten konnte, schien Schang nicht zu kümmern. Er hörte immer begierig zu, nickte mit dem Kopf, wenn Namen wie Bayer Leverkusen, Borussia Mönchengladbach oder Alemannia Aachen fielen. Es handelte sich immer nur um die zweiten Mannschaften. In großen Stadien spielte sich das nicht mehr ab. Wenn Hermann bei Auswärtsspielen die Sportplätze mit den Stufentribünen besuchte, erinnerte ihn das an die ganz frühen Jahre, aber er spürte, dass die Leidenschaft der Spieler eine ganz andere war als damals, vor 50 Jahren. Woher sollte die auch kommen? Es wollte doch kaum jemand mehr die Spiele der Fortuna sehen! Wenn sie Anfang der Fünfzigerjahre zu einem Spiel gingen, mussten sie früh genug da sein, wenn sie einen Platz direkt am Spielfeld haben wollten.

Heute dagegen stand Hermann unschlüssig am Eingang zur Bezirkssportanlage Bocklemünd. Hier sollte seine Fortuna spielen?

Am Gittertor stand jemand mit einer schmalen Rolle in der Hand. Er verkaufte Eintrittskarten. „Wertbon" stand darauf. Hermann kaufte einen, dachte bei sich: „Für den Schang ist es das wert", und betrat die Sportanlage. Im Südstadion war er schon lange nicht mehr gewesen. Der Verein brachte die Miete dafür nicht mehr zusammen. Es sah nicht gut aus.

„Tschuldigung!" Jemand rempelte Hermann von hinten leicht an, denn er war unwillkürlich kurz hinter dem Eingang stehen geblieben, als ob sich etwas in ihm sträubte, diese Sportanlage zu betreten, dieses Spiel mitanzusehen. Der Junge, der ihn angestoßen hatte, trug einen rot-weißen Schal und ein Käppi. Er klopfte Hermann auf die Schulter: „Alles klar?" Dann ging er auf einen Wagen zu, der direkt hinter dem Eingangstor abgestellt war. Die Heckklappe war geöffnet. Ein halbes Dutzend weiterer junger Leute stand schon dort. Ein paar trugen Bomberjacken. Sie sahen aus, als hätten sie sich verlaufen. Jemand verkaufte Flaschenbier direkt aus dem Kasten heraus. Hermann blickte zum Spielfeld. An einem der Tore machten sich ein paar Männer daran, Netze aufzuhängen. Er erkannte unter ihnen den Vorstandssprecher Jens Kuchenbuch.

Auf den Stufen an der Längsseite des Spielfeldes – immerhin war es Rasen – schwenkte jemand eine große Fahne mit dem Konterfei von Schäng Löring. Hermann lächelte. Er würde später davon erzählen. Dass es diese Fahne gab, wusste der Schang bereits. Der Fanclub, dessen Erkennungszeichen das unverkennbare Porträt war, hatte ihn persönlich eingeladen, um die Fahne zu präsentieren. Offiziell vorgestellt wurde sie bei einem Auswärtsspiel in Düren. Den schlechten Zeiten zum Trotz zeigten die Fangruppen immer wieder Einfallsreichtum. In Oberhausen-Osterfeld organisierten die Schäng Gäng-Jungs einen Staffellauf um das Spielfeld: Einer lief los, eine Fahne in der Rechten, ein Bier in der Linken. Das Ganze oberkörperfrei. 90 Minuten lang. Auch bei diesem Spiel wurde wieder eine Fahne um die Platzfläche getragen.

Schang fand sich nicht gut getroffen, aber ein bisschen stolz sei er schon gewesen, gestand er Hermann. Gesundheitlich ging es mit ihm indes immer weiter bergab. Es schien eine logische Folge des Niedergangs seines Lebenswerks zu sein. Die Insolvenz seines Unternehmens, der Verlust des Ansehens, das stets drohende Aus für „sein Vereinche", das inzwischen nicht mehr seins war, ein Hüftlei-

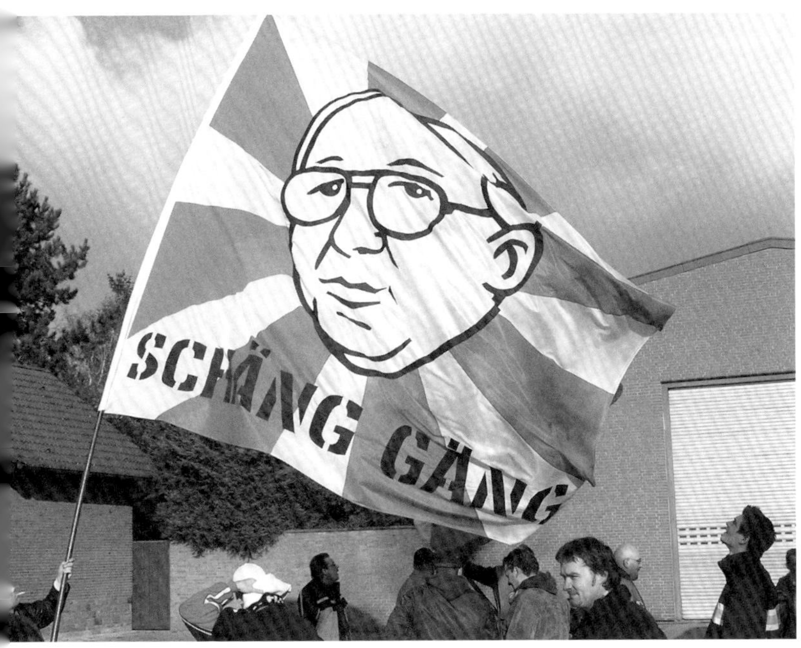

Die Fahne der „Schäng-Gäng".

den, familiäre Sorgen – all das hatte ihm zugesetzt. Zuletzt dann die Krebsdiagnose. Das Stadion besuchte Hans Löring schon lange nicht mehr, und auch Hermann ging nicht zu jedem Spiel. Selbst er sah, dass die Art, wie jetzt Fußball gespielt wurde, nicht mehr viel zu tun hatte mit den Zweitliga-Partien der Fortuna. Zuletzt gab es mehrfach schlimme Niederlagen.

Auf einen Sieg hoffte Hermann gar nicht erst. Allein ein Tor für die Fortuna, von dem er hätte erzählen können, wäre schön gewesen. Er hatte den Mantelkragen hochgeschlagen und die Hände in den Taschen vergraben. Neben ihm auf den Stufen, die man kaum als Tribüne bezeichnen konnte, standen einige Ultra-Fans. Als die Spieler beider Mannschaften und die Schiedsrichter vom Sporthallengebäude her in Richtung Platz getrottet kamen, skandierten sie ihr trotziges „Fortuna!" und schwenkten ein paar Fahnen. Dann flammten grellrot leuchtende Fackeln auf und weißer Rauch zog über das Spielfeld. Die Wolken trieben über die verlassen liegenden Aschenplätze hinweg zum kleinen Waldstück.

Wuppertaler Anhänger waren kaum zu sehen. Ein paar Männer trugen Daunenjacken mit blau-rotem Wappen. Ab und zu riefen sie „Jawoll!“ und klatschten ein paar Mal in die Hände. Wenigstens mussten sich die Kölner Fans, die mit ihren Schals und Fahnen auf der trostlosen Bezirkssportanlage wie Fremdkörper wirkten, keinen frenetischen Jubel der Gäste anhören und auch keine Schmähgesänge. Neben Hermann stand einer der hartgesottenen, die Schal und rot-weißes Käppi trugen, und strahlte. Er schien auf ein langes Fan-Dasein zurückzublicken. „Wisst ihr, wem ich eben die Hand gegeben habe? Das ratet ihr nicht“, fragte er mit breitem Grinsen in die Runde. Er wartete keine Antwort ab. „Günter Pröpper!“ Er sprach den Namen des früheren Wuppertaler Stürmers, der Anfang der Siebzigerjahre in der Regionalliga und im Bundesliga-Jahr der Fortuna-Abwehr Kopfzerbrechen bereitet hatte, fast ehrfurchtsvoll aus. „Ja, ja, der ‚Meister‘“, sagte ein anderer aus der Gruppe, „der ist Co-Trainer bei Borussia Wuppertal gewesen. Wahrscheinlich ist er deshalb hier.“

Über das Spiel gab es wenig zu erzählen. Nach Spielschluss musste Hermann nachfragen, wie hoch die Niederlage denn nun gewesen war. Er beobachtete, wie die gegnerischen Spieler den Kölnern tröstend auf die Schultern klopften. Mitleid bekommt man eben umsonst. Nur der Wuppertaler Trainer Joachim Hopp feixte, als er nach Spielschluss in Richtung Umkleidegebäude ging. Hermann war froh, dass ihm kaum jemand Aufmerksamkeit schenkte, dazu war in diesem Moment die Ernüchterung über das Gesehene zu groß.

„Sibbe Null. Da fällt dir nix mehr ein“, sagte ein grauhaariger Mann neben ihm mit heiserer, fast tonloser Stimme. Er hatte Tränen in den Augen und schüttelte langsam den Kopf. Tatsächlich war es dasselbe Ergebnis wie damals, als er mit Schang zusammen zum ersten Mal überhaupt ein Spiel der Fortuna gesehen hatte. Während Hermann an der Hugo-Eckener-Straße auf den Bus wartete, versuchte er den Gedanken zu verdrängen, dass dies das letzte Spiel gewesen könnte.

Das letzte sollte es nicht gewesen sein, ein Auswärtsspiel bei den Amateuren von Alemannia Aachen folgte noch. Mit 0:5 traten die Fortunen die Heimreise an. Dass es für das kleine Häuflein mitgereister Fans an diesem Tag noch viel Hohn und Spott gegeben hatte, erfuhr Hermann nicht. Die Zeitungen hielten in

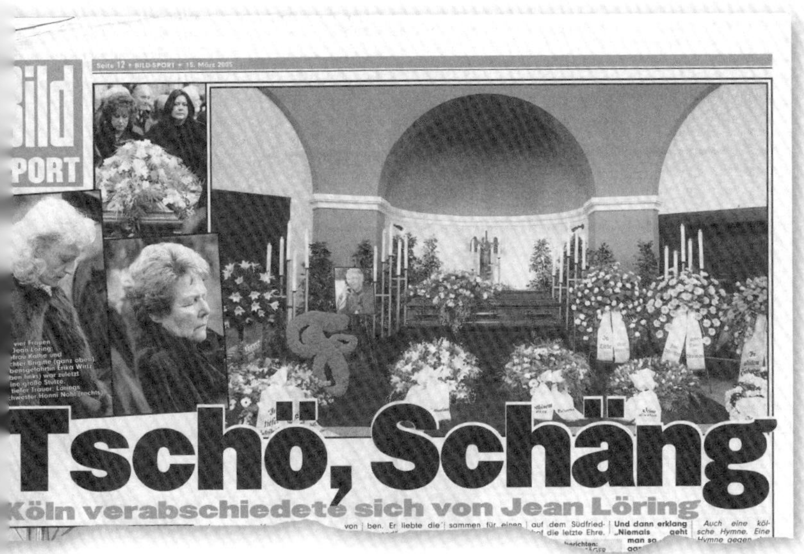

Seite 12 • BILD-SPORT • 15. März 2005

Tschö, Schäng

Köln verabschiedete sich von Jean Löring

Ein Abschied, der vielen Kölnern sehr zu Herzen ging.

dieser unseligen Saison ohnehin nur noch die nackten Ergebnisse für das einzig Berichtenswerte von der Fortuna. Das änderte sich einen Tag nach der Niederlage in Aachen, dem letzten Spieltag der Hinrunde, als das damalige Präsidium die Mannschaft vom Spielbetrieb in der Oberliga abmeldete. Anfang 2005 folgte der dritte Insolvenzantrag seit dem Jahr 2001.

Bekümmert, aber auch wütend, las Hermann die Zeitungen. War der absolute Tiefpunkt, das Ende wirklich gekommen? Während die Fans still litten, holten die Sportjournalisten ihre Nachrufe aus den Archivordnern, die sie schon Jahre zuvor verfasst hatten. Wenn er seinen Freund in diesen Tagen besuchte, vermied es Hermann, über die Fortuna zu sprechen. Viel zu berichten gab es ohnehin nicht. Er hatte von Versuchen gehört, die Pleite, das völlige Aus abzuwenden. Den Glauben daran hatte Hermann aber verloren. Auch weil er sah, dass der Kampf seines Freundes gegen die Krankheit immer aussichtsloser wurde.

Am 6. März 2005 verstarb Hans Löring im Hospiz Mildred-Scheel-Haus. Er wurde 70 Jahre alt. Eine enge Vertraute rief Hermann an: „Er hat es überstanden.“ Mehr musste sie nicht sagen.

Es war ein Sonntag, ein trüber, kalter Tag. Am Vormittag hatte es sogar ein wenig geschneit. Er telefonierte mit Christa, die ihn tröstete. Sie hatten immer noch getrennte Wohnungen, obwohl sie sich mehrmals in der Woche sahen und jeder sein Zahnputzzeug im Bad des Partners hatte. Dann ging er zum Rheinufer und setzte sich auf eine Bank. Hier hatte er als Kind zugeschaut, wie die Südbrücke und die Rodenkirchener Brücke wieder aufgebaut wurden. Später war er ab und zu mit Schang hier gewesen und hatte zugehört, wenn er mit leuchtenden Augen von seinen Fußballspielen berichtet hatte. Hier hatten sie gesessen, als Schang von diesem seltsamen Boxkampf erzählt hatte, und dass er selber Profifußballer werden wollte.

Die aufwühlende Zeit Ende des Jahres 2000 fiel ihm ein. Rund fünf Jahre war das erst her. Zunächst der Abstieg nach 26 Jahren 2. Liga. Hans Krankl hatte es nicht abwenden können. Ein weiterer Triumph im Derby gegen den FC reichte nicht aus. Dass dies der Beginn einer langen Leidenszeit, vielleicht sogar schon der Anfang vom Ende war, hatte Hermann insgeheim geahnt. Im Friseursalon gab es bei den Männern kaum ein anderes Gesprächsthema. BILD, Express, Stadt-Anzeiger und Rundschau lieferten den Diskussionen fast täglich neue Nahrung. Kurz vor der Winterpause der Saison 2000/01 platzte dann die Bombe: Die Steuerfahndung durchsuchte die Geschäftsstelle des Vereins und die Privaträume von Hans Löring. Im Salon von Hermann Becker machte die Neuigkeit noch am selben Tag die Runde, als Kunden in den Laden kamen, die die Aktion am Vorgebirgstor mit eigenen Augen gesehen hatten. „Do wor vielleich jet loss!“, sagte ein älterer Stammkunde, der als Rentner hin und wieder am Trainingsgelände zuschaute. „Und auf der anderen Straßenseite lief noch das Vormittagstraining. Irgendwann haben sie es dann abgebrochen“, erzählte er weiter. Aber das weitaus spannendere Geschehen spielte sich wohl im Inneren des Gebäudes ab, an dem immer noch der Schriftzug „Tennishalle Hans Löring“ prangte. Bewacht von Polizisten war eine Gruppe von Steuerfahndern in die Büros marschiert. Ein Lieferwagen parkte direkt vor dem *Bacchus* auf dem Gehweg. Nach einiger Zeit kamen nach und nach

Männer mit Kartons voller Akten heraus. Auch die Presse war vor Ort, Fotografen, Kameraleute.

„Hermann, dinge Verein es pleite", begrüßte ihn am nächsten Tag der erste Kunde, der die Bilder in der Zeitung gesehen hatte. Hermann lächelte gequält. Noch während er ihn bediente und sie darüber sprachen, dass da offenbar 2,7 Millionen Euro Schulden aufgelaufen waren, von denen allein das Finanzamt die Hälfte haben wollte, kamen weitere Herren hinzu. „Dat wor et met der Fortuna", waren sie sich einig. Hermann schwieg die meiste Zeit.

Nach Feierabend wollte er versuchen, Schang zu erreichen. Vielleicht war ja alles gar nicht so schlimm, wie die Zeitungen schrieben. Denn eigentlich stand es doch gar nicht schlecht: Der schmerzhafte Abstieg nach 26 Jahren in der 2. Fußball-Bundesliga schien nämlich abgehakt. Nach den zuletzt großen Namen aus dem Weltfußball auf Fortunas Trainerbank – Schuster, Schumacher, Krankl – hatte der Verein mit Peter Vollmann aus Marienheide einen eher Unbekannten geholt. Der formte ein nahezu komplett neues Team, nachdem fast alle Spieler der Abstiegsmannschaft sich wieder in all jene Himmelsrichtungen zerstreut hatten, aus denen sie nach Köln geholt worden waren. Viele kamen im bezahlten Fußball unter, manche machten sogar Karriere beispielsweise wie Tomasz Bobel und Hans Sarpei, die beide zum Bundesliga-Absteiger MSV Duisburg wechselten.

Die neu formierte Fortuna schlug sich unerwartet gut in ihrer ersten Regionalliga-Saison. Es machte sogar wieder Spaß, Spiele zu besuchen. Als die Steuerfahnder vorfuhren, trainierte das Team auf dem Gelände der Sportanlage am Vorgebirgstor. Beobachter mutmaßten, dass spätestens in jenem Moment an den sportlich noch möglichen direkten Wiederaufstieg nicht mehr zu denken war.

„Ja, Löring" – Schang klang gehetzt, als Hermann ihn tatsächlich gegen Abend endlich am Mobiltelefon erreichte. „Ich bin's, der Menn", sagte er, obwohl sein Freund doch eigentlich seine Nummer abgespeichert haben musste. „Es ist grad schlecht. Was meinst du, was hier los ist? Die wollen mich kleinkriegen, fertigmachen! Aber das haben die sich so gedacht." – „Schang, wie schlimm ist es wirklich?", unterbrach Hermann ihn. „Nit am Telefon", sagte Schang. Sie trafen sich in seinem Büro. Es sah fürchterlich aus, Schang sah fürchterlich aus. Auf einem Beistelltisch neben der mit dunklem Leder bezogenen Sitzgruppe stand eine fast leere Flasche Rotwein. Daneben ein halbvolles Glas. Schang hatte das Gesicht in den Händen vergraben, als Hermann das Büro betrat. Die Hemdsärmel waren aufgerollt, der oberste Knopf offen, die Krawatte hing, halb gelockert schief herab. Er hob den Kopf, schüttelte ihn kurz, als wolle er Gedanken verscheuchen: „Ach, Menn. Da bist du ja. Setz dich. Du kriegst auch ein Glas." Aber Hermann war nicht danach, mit dem Freund einen gemütlichen Schoppen zu nehmen. „Was ist los? Was schreiben die da? Stimmt das? Fast drei Millionen Schulden?", fragte er, während er sich vorsichtig im Sessel niederließ. Schang machte eine wegwerfende Handbewegung. „Alles Quatsch. Die kriegen alle ihr Geld." Dann erzählte er, dass von einem Sponsor noch eine ziemliche Menge Geld ausstand. Vielleicht könne er auch ein Mietshaus verkaufen, das wäre auch eine Möglichkeit. Sobald wieder genügend Geld auf dem Vereinskonto wäre, wäre alles in Ordnung. „Dann ist alles in Ordnung", wiederholte er trotzig, „ich lass mir de Fortuna nit kaputt machen. Hermann, dat kannste mer glauben." Hermann schwieg und betrachtete seinen Freund, zu dem er immer aufgeschaut hatte, nachdenklich. Er wirkte plötzlich mehr als verwundbar. Ganz offenkundig war er schon schwer getroffen. Vielleicht wusste er es nur noch nicht. Aber Hermann stand auf, stellte sich neben Schang und legte eine Hand auf dessen Schulter. „Ja, Schang. Du schaffst das", flüsterte er tonlos. Er blickte sich um im Büro. Der wuchtige Schreibtisch, die schweren, gerahmten Ölgemälde, die Messingleuchten an der Stuckdecke. Eine bröckelnde Welt.

Das Chaos im Verein bot fast täglich Anlass für neue Spekulationen und Analysen, in den Zeitungen ebenso wie in Hermanns Salon. Als Präsident war Hans Löring de facto in dem Moment entmachtet, als der Club Anfang 2001 den ersten Antrag auf Insolvenz stellen musste. Seit jenem Abend in Schangs Büro hatten sie sich nicht mehr gesehen. Versuche, Schang telefonisch zu erreichen, scheiterten. Aus der Zeitung erfuhr Hermann, wie schlimm es um den Freund stand. Sein Unternehmen war ebenfalls pleite, was vom Vermögen übrig war, ließ das Finanzamt pfänden. Dann, Anfang Juni, bekam Hermann Post. „Einladung zur Mitgliederversammlung" stand auf dem Schreiben mit dem Briefkopf des S.C. Fortuna Köln. Hermann war Ende der 1960er Jahre seinem Freund Schang zuliebe in den Verein eingetreten, zu den Versammlungen ging er allerdings nie. Es wurde dort ohnehin immer nur das beschlossen, was Schang bestimmte. Und was das war, wusste Hermann immer schon als einer der Ersten. Schang hatte stets viel und gern von seinen Plänen erzählt, wenn sie sich auf ein Bier trafen oder wenn er in Hermanns Salon kam.

Im *Bacchus* war es voll wie vor oder nach einem Fußballspiel in besseren Zeiten. Hermann zwängte sich an der Theke vorbei. Die Luft war stickig. Die meisten Gäste im Lokal rauchten. Er sah ein paar bekannte Gesichter und nickte ihnen stumm zu. Die Stimmung war angespannt, in einer der Sitzecken sogar ein bisschen aggressiv. Er bekam ein paar Wortfetzen mit. Jemand schimpfte auf den einstigen Trainer Harald Schumacher. „Dä Schäng hädden dä vill fröher eruss schmieße solle", ereiferte sich ein schnauzbärtiger Mann, „dann wöre mir hück Ovend jar nit he", fügte er hinzu und leerte sein Kölschglas. Hermann konnte sein Alter schlecht einschätzen. Um die 30 mochte der Mann sein, der viel Zustimmung für seine Ansicht bekam.

Er ging zur Treppe. Die Mitgliederversammlung sollte im Saal abgehalten werden, der sich im Kellergeschoss befand. An den Saaltüren musste er seine Einladung vorzeigen. Auf einer Liste wurde hinter seinem Namen ein Haken gemacht. Er blieb stehen und schaute sich suchend um. Zum Glück war hier offenbar Rauchverbot. Am Tisch der Sitzungsleitung waren einige Männer, die er nicht kannte. In der Mitte saß ein dunkelhaariger Mann mit Brille, Mitte 30 etwa. Er hatte einen Aktenordner aufgeschlagen und war mit einem älteren, fast weißhaarigen Mann im Gespräch, der sich zu ihm hinunter gebeugt hatte. Er schien etwas zu erklären, tippte mit dem Finger auf das aufgeschlagene Schriftstück. Der Ältere nickte stumm. Weitere Männer saßen links und rechts davon. Er erkannte Johannes Böhne, den Vizepräsidenten. Schang saß ganz außen. Sein Stuhl war weit vom Tisch gerückt. Er hatte sich zurückgelehnt, die Beine übereinander geschlagen und die Arme verschränkt. Es wirkte, als wolle er mit dem, was sich an diesem Abend zutragen sollte, nichts zu tun haben. Hans Löring, der es fast vierzig Jahre lang gewohnt gewesen war, in der Mitte zu sitzen und Versammlungen wie diese zu leiten, war jetzt Randfigur. Hermann erschrak fast. Er hob die Hand, winkte mehrmals in Schangs Richtung, bis dieser ihn sah. Löring streckte kurz die Hand in die Höhe und nickte kurz mit dem Kopf. Dann schaute er wieder in eine andere Richtung. Hermann fand in einer der hinteren Reihen einen Platz.

Der dunkelhaarige Mann eröffnete die Sitzung pünktlich zur angesetzten Uhrzeit. Der Saal mit seiner niedrigen Decke, unter der die dicken Eichenbalken und die schweren Porzellanlampen noch drückender wirkten, war voller Menschen. Blitze zuckten, als Fotografen ihre ersten Bilder machten. „Guten Abend, meine Damen und Herren, für diejenigen, die mich nicht kennen, darf ich mich kurz vorstellen", begrüßte er höflich, aber in sehr bestimmtem und sachlichen Tonfall die etwa 200 Anwesenden. „Mein Name ist Christoph Niering, ich bin Fachanwalt für Insolvenzrecht." Das also war der Mann, der in manchen Zeitungen als Retter des Vereins bezeichnet wurde. Im Laufe des Abends war er es, der immer wieder zur Sachlichkeit mahnte. Das war nicht einfach. Immer wieder meldeten sich Mitglieder zu Wort, die ihrem Ärger Luft machten und Schuldzuweisungen aussprachen. Eigentlich sollte ein Neuanfang mit einem neuen Präsidium gemacht werden. Als sich die Kandidaten vorstellen wollten, stand plötzlich Hans Löring auf. Ein Raunen ging durch den Raum. „Ich brauche mich ja keinem hier vorzustellen", begann er. Tosender Applaus und einige Bravo-Rufe brandeten auf. Hermann klatschte nicht. Er sah, wie Schangs Hand, die das Mikrofon hielt, zitterte. Die Ansprache war ein letzter Ruf nach Anerkennung. Er habe die Fortuna von weit unten bis in die höchste Spielklasse geführt, sagte Schang mit ruhiger, aber deutlich bewegter Stimme. „Dat muss mer erstmal einer nachmachen", sagte er und bekam wieder donnernden Beifall. Hermann hörte, wie sein Freund von seinem Verein sprach, seinem Lebenswerk, seiner Fortuna. Hermann sah die versteinerten Mienen der übrigen Männer am Vorstandstisch, die das Erbe Schangs antreten wollten. Der hatte sich in Rage geredet. „Ich lasse mir das nicht von irgendwelchen Zigeunern kaputt machen", schrie er gerade. Hermann schlug die Hände vor das Gesicht, während die meisten im Saal erneut Beifall klatschten, ein paar riefen tatsächlich: „Fortuna! Fortuna!" Christoph Niering unterbrach sofort: „Herr Löring, danke für Ihre Worte. Wir kommen jetzt zur Wahl des neuen Vorstands. Ich darf die Kandidaten bitten, sich vorzustellen. Angesichts der fortgeschrittenen Zeit, fassen Sie sich bitte kurz."

Die Bewerber gehorchten. Es wurde allmählich wieder ruhiger, doch die Anspannung im Raum wuchs. Es wurde geheim gewählt. Hermann gab einen leeren Stimmzettel ab. Niemand hatte ihn überzeugen können, er enthielt sich der Stimme. Schon jetzt war er enttäuscht und voller Sorge um die Zukunft. Was dann aber folgte, ging Hermann lange nicht aus dem Kopf. Es war fast halb zwölf, als der Nachfolger von Hans Löring feststand. „Damit ist Herr Ralf Cremer gewählt. Herr Cremer, nehmen Sie die Wahl an?", fragte Christoph Niering und wandte sich in Richtung des Kandidaten. Der Inhaber einer kleinen Installateurfirma und ehemaliger Prinz Karneval stand strahlend auf und verneigte sich in alle Richtungen. „Ja, ich nehme die Wahl an."

Der Applaus für den braungebrannten Mann, der von nun an der neue Präsident des S.C. Fortuna Köln sein sollte, fiel verhalten aus. Als er in seiner Antrittsrede bekannte, Fan des 1. FC Köln zu sein, gab es schon Buhrufe. Als er anschließend so ziemlich allen Mitgliedern des alten Vorstandes seine Zusammenarbeit verweigerte, war seine Rede beendet und nur wenig später auch seine Amtszeit.

Neben und vor Hermann sprangen Männer auf und schrien den Mann am Mikrophon nieder. „Hau ab!", riefen andere. Ein Mann von kräftiger Statur drohte mit Prügel. „Wenn das so ist, bin ich nicht mehr länger Ihr Präsident", waren die letzten Worte nach der vielleicht kürzesten Amtszeit, die je ein Vereinspräsident hatte. Das perfekte Chaos fand seinen Ausdruck in den aufflammenden Blitzen der Fotografenkameras, in ohrenbetäubendem Lärm, wild gestikulierenden Männern und der verzweifelten Ansage, dass die Versammlung für zehn Minuten unterbrochen sei.

Hermann blieb sitzen. Der Saal leerte sich halb. Die Herren vom Vorstandstisch waren geschlossen in einem Nebenraum verschwunden. Schang war auf seinem Platz sitzengeblieben, umringt von einem Dutzend Vereinsmitgliedern. Es dauerte 20 Minuten, bis die Versammlung weiterging. Etliche Stühle blieben leer, als Johannes Böhne, enger Freund von Hans Löring, sich bereit erklärte, für das höchste Amt im Verein zu kandidieren. „Ich werde Vorsitzender. Präsident von Fortuna ist nur einer." Der Rest war Formsache. Auch Hermann stimmte für ihn. Er war nicht der einzige, der die Versammlung kurz darauf mit gemischten Gefühlen verließ.

Zu Beginn der Saison 2001/02 vermied er es, Spiele der Regionalliga Nord zu besuchen. Die Umwälzungen im Verein ließen ihn auf Distanz gehen.

Es war ein Dienstag. Ein spätsommerlicher Tag mit gut gelaunten Kunden. In der Sitzecke neben dem Eingang, wo ein Trio älterer Herren darauf wartete, an die Reihe zu kommen, war die 0:2 Niederlage der Fortuna bei den Amateuren von Werder Bremen weniger Thema. Vielmehr freuten sie sich über den Sieg des 1. FC gegen den Hamburger SV. Dirk Lottner hatte beide Treffer erzielt. „Dä Jung es he en Zollstock jroß jewoode. Wör fröher bei de Fortuna“, wusste einer der drei Rentner. Als Hermann gerade einen weiteren Kunden fertig frisiert hatte, klingelte das Telefon im Laden. „Salon Krings, Becker mein Name, was kann ich für Sie tun?“ Es war Christa. Sie klang aufgeregt: „Schalt mal das Radio an. Da ist was ganz Schlimmes passiert in New York. Zwei Flugzeuge sind in das World Trade Center geflogen. Alles brennt. Die sagen, dass das ein Terroranschlag sein könnte.“ – „Bist du im Salon?“ – „Ja, aber hier hat keine mehr Lust auf Frisieren. Wir haben das Radio laufen. Es muss ganz viele Tote gegeben haben.“ Christa verabschiedete sich schluchzend. Hermann kassierte noch und schaltete dann verwirrt das Radio ein. Die Gespräche der drei Rentner im Salon verstummten bald. Einem nach dem anderen verging die Lust aufs Haareschneiden. Als Hermann allein im Salon war, rief er Christa an. Er hörte, wie sie weinte.

Es war Anfang März 2002, als ein grauhaariger Mann in seinen Laden kam. Ob er abgewartet hatte, bis kein Kunde mehr im Laden war? Er hatte dunkle, freundliche Augen und ein breites Lächeln. Im ersten Moment dachte Hermann, es sei ein Vertreter für Friseurartikel, die kamen gelegentlich unangekündigt in den Laden und hatten ein ähnliches Auftreten. „Guten Tag, ich bin Reinhard Moh, und ich bin unterwegs, um für die Fortuna Werbung zu machen.“ Sein Händedruck war fest. Hermann bot ihm einen Platz an und ließ einen Kaffee bringen. „Na, da haben Sie sich aber etwas angetan“, begann Hermann und lachte kurz auf. „Ich bin überzeugt, dass Fortuna Köln eine richtig gute Marke ist“, entgegnete Reinhard Moh. „Ja, ja, guter Mann. Mir brauchen Sie das nicht zu sagen. Ich bin dem Verein schon sehr verbunden, das können Sie mir glauben“, unterbrach ihn Hermann, „was könnte ich denn beispielsweise dazu beitragen?“ – „Nun, ich bin gerade dabei, einen Freundeskreis der Fortuna aufzubauen.“ – „Sie sind aber kein Kölner. Das hört man“, sagte Hermann. Nein, bestätigte der Gast, aus Bielefeld sei er gekommen. Uwe Fuchs, der ehemalige Spieler und jetzige Trainer, sei ein guter Freund von ihm und habe ihn geholt. Er habe weder vom Fußball noch von Köln eine Ahnung, gestand er.

Hermann gefiel die offene Art dieses kleinen Mannes, der sich die Herkulesaufgabe zumutete, den immer weiter zerfallenden Verein als Marke in der Stadt zu etablieren. Der FC St. Pauli sei sein Vorbild, erklärte er im Plauderton. Das sei eine „Kultmarke" und dazu wolle er Fortuna Köln auch machen, meinte er bestimmt. „So, ich muss jetzt weiter auf meiner Runde durch das Viertel", sagte Moh unvermittelt. „Was ist, darf ich Sie zum nächsten Spiel einladen?", bot er an. Hermann lächelte: „Gegen wen spielen sie denn?" – „Fortuna Düsseldorf", erwiderte Reinhard Moh.

Tatsächlich ging Hermann zum Stadion. Es war Mittwochabend, ein Flutlichtspiel. Am Vereinslokal, das längst geschlossen war, standen ein paar Leute mit Fan-Kleidung. „Unglaublich", dachte er. „Es gibt immer noch Fans." Als er näher kam, fing jemand an zu johlen: „Eine Fortuna, es gibt nur eine Fortuna …" Etliche stimmten ein, klatschten und blickten zur Straße, wo gerade eine kleine Gruppe Radfahrer ankam. Sie hatten ebenfalls Fankleidung in Rot und Weiß. Am vordersten Fahrrad war eine Fahne befestigt. Hermann sah, dass es eine von Fortuna Düsseldorf war. Die Fans schüttelten Hände, umarmten sich.

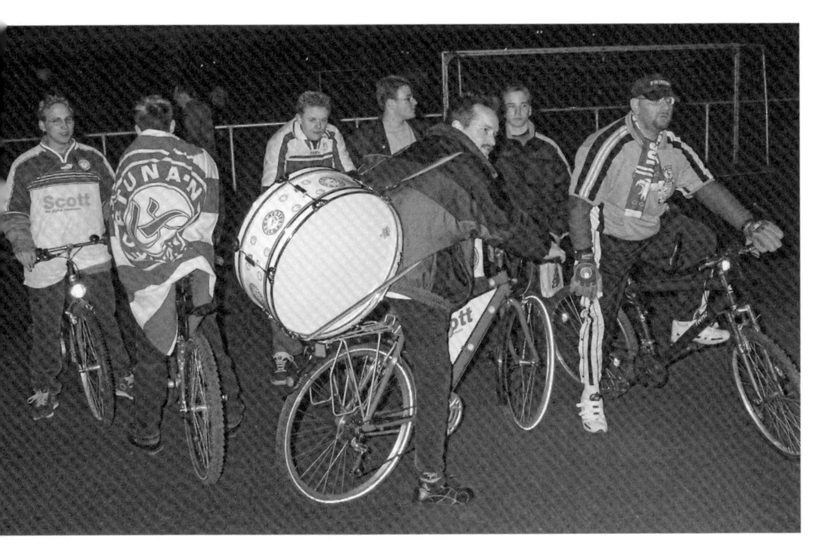

Wenn et Trömmelche fährt: Fortuna-Fans in Aktion.

„Herr Becker, das ist aber schön, dass Sie gekommen sind!" Vor ihm stand der Mann, der ihn im Friseurladen besucht hatte, Reinhard Moh. „Was Sie hier sehen, ist eine Aktion, die von den Fanclubs vorbereitet wurde. Wir wollen zeigen, dass es friedlich zugehen kann, trotz aller Rivalität. Die Düsseldorfer und die Kölner wollen vor dem Spiel zusammen mit den Fahrrädern eine Runde um das Spielfeld drehen." Reinhard Moh lotste ihn zum Eingang der früheren Tennishalle. Die hatte ebenfalls Hans Löring gehört. Hermann sah einen kleinen Stand, an dem alte Trikots verkauft wurden. Es gab einen Getränkestand und ein paar Stehtische. Die Fans aus Köln und Düsseldorf hatten sich einträchtig beim Bier versammelt, wobei die Gäste den Inhalt ihrer Gläser ein wenig skeptisch beäugten. Dass am Ende der Saison beide Clubs in die Oberliga Nordrhein absteigen würden, ahnte zu diesem Zeitpunkt noch niemand.

Denn trotz der Aktivitäten vieler Fans und dem Einsatz des Marketingbeauftragten verlief die zweite Regionalligasaison desaströs. Reinhard Moh, der gelernter Sportmanager war, kämpfte indes weiter gegen den Fall in die fußballerische Bedeutungslosig-

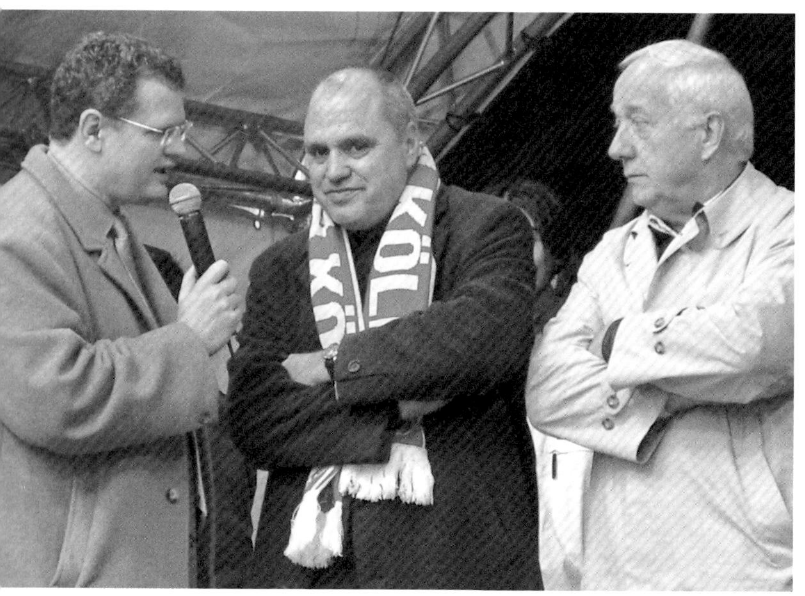

Der sehr agile Reinhard Moh (m.) mit Sportmoderator Ulli Potofski (l.) und dem Vorsitzenden Johannes Böhne.

keit. Gesponserte Dienstwagen gab es zu dieser Zeit schon lange nicht mehr im Südstadtclub. Also funktionierte der gebürtige Bielefelder ein Fahrrad zum Dienstfahrzeug um. Rot lackiert und mit Vereinslogo auf einem Schild im Rahmen wurde es zu einer Art Kultvehikel.

Mit diesem Drahtesel, mit dem er auch schon bei Hermanns Friseursalon in Bayenthal vorgefahren war, gondelte Moh weiterhin zum Klinkenputzen hauptsächlich durch die angestammten Stadtteile der Fortuna: Bayenthal, Raderthal, Raderberg, Zollstock und die Südstadt. Er klapperte buchstäblich das Viertel ab, um Mitglieder für seinen „Businessclub" respektive Sponsoren für den Verein zu suchen. Mehr noch: Er organisierte Wohltätigkeitsveranstaltungen und holte Musikbands ins Stadion, die in den Pausen die meist trübe Stimmung aufhellen sollten. Moh sorgte auch für warmes Essen, an dem sich die Spieler nach den Heimspielen gütlich tun konnten. Im kleinen Vereinsheim auf dem Trainingsgelände wurde dann ein kleines Büfett aufgebaut. Meist gab es Nudeln. Und auch die Fans mussten nicht hungrig nach Hause gehen, zumindest an einem der Spieltage war das so. Dafür sorgte das Sponsoring einer großen Hamburger-Bude, die den Spielbesuchern einen zweiten Gratis-Burger spendierte, wenn sie denn den ersten bezahlten.

Derlei Aktionen wurden oft belächelt, und auch Hermann wusste nicht so recht, was er davon halten sollte, machte der Verein auf ihn doch insgesamt einen wenig stabilen Eindruck. Trainer Uwe Fuchs schmiss die Brocken in der Winterpause hin und wechselte zu einem Club, von dem Hermann vorher noch nie etwas gehört hatte: LR Ahlen. Mit ihm ging auch der Torwarttrainer Jörg Schmadtke, den Uwe Fuchs geholt hatte. Viele Fans schöpften Hoffnung, dass der scheinbar schon feststehende neuerliche Abstieg vermieden werden könnte, als zwei alte Bekannte das Training übernahmen: Ralf Aussem und Dieter Epstein, beide Legenden, der eine als Spieler und langjähriger Trainer der zweiten Mannschaft, der andere als ewiger Co-Trainer. Doch abwenden konnten auch sie den Abstieg in die Oberliga Nordrhein nicht.

Schang hatte sich ganz aus Köln zurückgezogen in sein Eifel-Anwesen, das ihm jedoch nicht mehr gehörte. Immerhin hatte man ihm noch Wohnrecht eingeräumt, Besuch empfing er selten. Bei Hermann machte er einmal eine Ausnahme. Die Gittertür quietschte, als er sie öffnete. Hermann war gleich der gebückte, langsame Gang aufgefallen. Er versuchte, sich den Schreck darüber nicht anmerken zu lassen. „Schang!“, rief er. „Ich freu mich so, dass ich kommen durfte.“ Das Anwesen wirkte nicht, als wäre es bewohnt. Im Gegenteil. Die wuchernde Hecke, das Unkraut in den Fugen des Pflasters vom Eingang bis hinauf zur Terrasse. Hermann hatte es wahrlich anders in Erinnerung. In besseren Zeiten war er ein-, zweimal zu Feiern mit der Mannschaft hierher eingeladen gewesen. Nur der Blick über das Tal war noch genauso imposant.

Sie sprachen vor allem über Fußball. Zwar gab nur noch ein paar wenige Freunde aus dem Verein, die den Kontakt zu ihm pflegten, aber Schang wusste genau, wie es um die Fortuna stand. Doch spürte Hermann bei diesem Gespräch auch, dass seinem Freund die eigene Gesundheit mehr Sorgen bereitete, auch wenn er nicht viel über seine Krankheit sprach. „Ich hab nur Angst, dass ich am Ende ganz alleine bin“, sagte er plötzlich. Hermann schwieg. Er wusste, dass Schangs Frau längst gegangen war, und eine kurze Liebelei mit einer Sängerin war auch schon wieder Geschichte. Von einer neuen Bekanntschaft, die ihn angeblich regelmäßig besuchte, hatte er irgendwas gehört, doch über sein Liebesleben hatte Schang selten mit ihm gesprochen. „Auf mich kannst du zählen, Schang“, sagte er schließlich.

Bei den Spielen im Südstadion wurde es immer trister. Es war deutlich zu spüren, welche Lücke der Schang hinterlassen hatte, aber auch, welches Chaos. Oberliga Nordrhein und Businessclub – für viele passte das nicht recht zusammen. Vielleicht wären die Kommentare zum Wirken Reinhard Mohs gnädiger ausgefallen, wenn er es geschafft hätte, richtig viele Geldgeber für den Club zu gewinnen. Aber das passierte nicht. Aufmerksamkeit ja, ein bisschen materielle Unterstützung auch, doch das war es auch schon.

Eine weitere Insolvenz im Jahr 2003 konnte auch Reinhard Moh nicht abwenden. Er verließ die Fortuna mit Beginn des Jahres. Ein letztes Mal drehte er im Januar mit dem roten Fortuna-Fahrrad eine kleine Runde durch das Viertel rund um das Südstadion. „Guten Tag, Herr Becker, haben Sie ein bisschen Zeit für mich?“, fragte er, als er im Friseursalon Krings Station machte. Es war kurz vor Ladenschluss. „Sie waren damals der Allererste, bei dem ich vorgesprochen habe. Sie glauben ja nicht, wie dankbar ich war, als Sie mich so freundlich empfangen haben“, sagte Moh. „Nicht der Rede wert, oder?", antwortete Hermann, „aber warum verlassen Sie die Fortuna? Gab es Streit?" – „Nein, nein!", wehrte Moh ab und hob dabei beide Handflächen, als wolle er einen solchen Verdacht wegschieben. „Ich bin dem Verein sogar sehr dankbar. Es war eine Art Sprungbrett für mich", erklärte er. – „Und wohin springen Sie, wenn ich fragen darf?" Hermann war wirklich gespannt auf die Antwort. „Ich habe einen Lehrauftrag an der Universität Bielefeld bekommen, im Fach Sportmarketing", erklärte Moh, „und wissen Sie was: Ich freue mich natürlich. Es ist eine große Herausforderung, aber ich habe bei Fortuna so viel gelernt. Ein bisschen traurig bin ich schon, weil ich Köln sehr liebgewonnen habe." – „Na, da gratuliere ich aber. Universität – das klingt schon besser als Amateurfußballverein", sagte Hermann mit einer Spur Ironie. „Herr Becker, ob Sie es glauben oder nicht. Fortuna Köln hat mein Leben verändert. Das meine ich ganz ehrlich." – „Wenigstens eine kleine Erfolgsgeschichte, wenn der Absturz schon unaufhaltsam ist", stellte Hermann trocken fest.

Nach allem, was er in den zurückliegenden Wochen mitbekommen hatte, war ihm klar: Den Niedergang hatten andere zu verantworten. In der Vorstandsetage hatten die Hoffnungen lange Zeit auf einem Großsponsor geruht: Wolfgang Rauball. Er war der Bruder des früheren Borussia Dortmund-Präsidenten Reinhard Rauball. Der Name wurde immer wieder im Zusammenhang mit den Club-Verbindlichkeiten genannt. Schon an der Eröffnung des ersten Insolvenzverfahrens soll Wolfgang Rauball nicht schuldlos gewesen sein. Es ging um 2,7 Millionen Euro, die er zugesagt, aber nie ausbezahlt hatte.

Angesichts der neuerlich drohenden Insolvenz machten die Fans wieder einmal mobil für ihren Club. Der „Spendenmarathon" für die Fortuna machte bundesweit Schlagzeilen. Hier tat sich besonders ein Mann hervor: Cornel Wachter, Künstler aus der Südstadt und langjähriger Vertrauter Hans Lörings. Hermann war ihm ein paar Mal begegnet, ein eigenwilliger junger Mann, voller Enthusiasmus. Phantasie schien er auch zu haben, oder war er vielleicht doch völlig verrückt geworden? Dieser Gedanke kam Hermann, als er kurz nach dem Bekanntwerden der Finanzprobleme am Barbarossaplatz ein riesiges Plakat sah. Es zeigte zehn nackte Männer. „Einem nackten Mann greift man nicht in die Tasche, sondern unter die Arme" stand

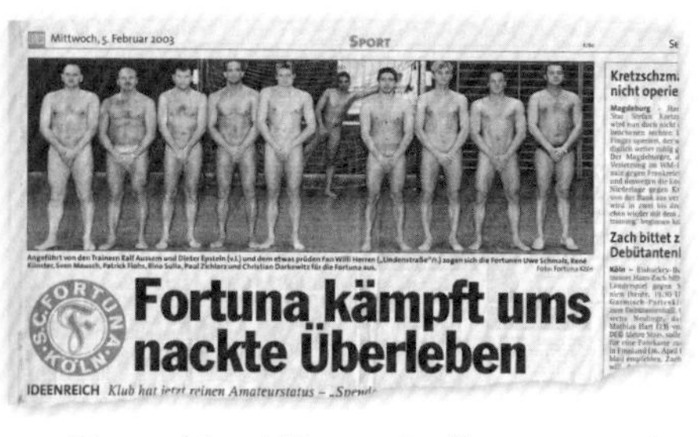

Mittwoch, 5. Februar 2003 SPORT

Fortuna kämpft ums nackte Überleben

IDEENREICH *Klub hat jetzt reinen Amateurstatus –*

Kretzschmar nicht operie

Zach bittet z Debütanten

Die nackten Männer der Fortuna machten Schlagzeilen.

darauf. Es ging um die Fortuna. Hermann blieb lange stehen und betrachtete kopfschüttelnd das Plakat. Es war Anfang Februar und ziemlich kalt, was die Wirkung des Gruppen-Aktfotos noch zu verstärken schien.

Er erkannte den Trainer und den Co-Trainer – Ralf Aussem und Dieter Epstein. Die anderen waren offenbar Spieler, die waren ihm nicht so geläufig. Dafür war er zuletzt zu selten bei den Heimspielen gewesen. Immerhin hatten die jungen Männer fast alle topmodische Frisuren mit Strähnchen. Zwei junge Frauen gingen dicht an ihm vorbei. „Ey guck mal, voll süß die Jungs, oder?", sagte eine. Beide lachten albern. Was würde Schang wohl dazu sagen? Hermann traute sich nicht, ihm davon zu erzählen.

Er zahlte einen kleinen Betrag auf das Spendenkonto ein. Viel Hoffnung hatte er nicht. Es freute ihn umso mehr zu hören, dass er damit einen – wenn auch bescheidenen – Beitrag zum Erfolg der Aktion geleistet hatte. 50.000 Euro kamen an Spenden zusammen. Nicht genug, um alle Schulden zu begleichen. Doch eben jener Wolfgang Rauball steuerte Mitte des Jahres 2003 weitere 250.000 Euro bei. Zusammen mit dem, was die Fans aufgebracht hatten, reichte dieser Betrag, um die damals aufgelaufenen Verbindlichkeiten abzutragen.

Mit der Aktion, für ein einmaliges Fotoprojekt komplett die Hüllen fallen zu lassen, erregte die Fortuna bundesweit Aufsehen. Initiator Cornel Wachter hatte als Schirmherren keine Geringeren als den Philosophen Walter Jens und den Langstreckenläufer Dieter Baumann gewinnen können, und er hatte noch weitere verrückte Ideen. Eine andere spektakuläre Hilfsaktion fand in einem großen Kölner Eros-Center statt. Mit von der Partie: Die 80-jährige Charity-Lady Charlotte Feindt, eine Kölnerin, die sich nach dem frühen Tod ihres Mannes darauf spezialisiert hatte, mit gesellschaftlichen Ereignissen Geld für Bedürftige und Hilfsprojekte zusammenzutragen, sowie Schauspieler Ralf Richter.

Überhaupt: Prominenz. Daran mangelte es eigentlich nie bei Fortuna. Hermann musste daran denken, dass sein Freund Schang sogar einmal mit Muhammad Ali, dem „Größten aller Zeiten", zusammengetroffen war oder dass er einen Weltstar wie Udo Jürgens für eine Weihnachtsfeier verpflichtet hatte, als Spielerfrauen sich das gewünscht hatten. Wenige Tage vor der Feier war Schang in seinem Salon gewesen. Während Hermann ihm mit dem Elektrorasierer die damals modernen breiten Koteletten akkurat zurechtschnitt, sagte er: „Mach mer dat ja ordentlich, Menn, sonst hab ich gegen den Udo Jürgens keine Schnitte." Hermann glaubte an einen Scherz. „Klar, Schang, und die Nationalmannschaft bringt er auch gleich mit und ihr singt zusammen ‚Buenas Dias Argentina'", antwortete er. „Glaub's oder nicht", entgegnete Schang, „am besten, du kommst selbst." Damit war er zusammen mit Christa eingeladen. Er hatte zwar einiges an Überredungskunst aufbieten müssen, doch am Ende bereute sie es nicht, mitgegangen zu sein, denn Udo Jürgens gab an diesem Abend einige richtig gute Jazz-Improvisationen zum Besten.

Dieser Cornel Wachter schien in seinem Engagement kaum zu bremsen: Auch Rennfahrer-Ikone Michael Schumacher, fünffacher Formel 1-Weltmeister in dieser Zeit, und vor allem dessen Vater Rolf konnten als prominente Zugpferde gewonnen werden. Auf der Schumacherschen Kart-Bahn in Kerpen-Manheim wurde ein Benefiz-Rennen ausgetragen.

Und irgendwie schafften sie es. Zum zweiten Mal konnte eine drohende Insolvenz abgewendet werden. Rund um den Verein herrschte Aufbruchsstimmung. Fortan sollte alles wieder gut werden, so lautete die Botschaft vor Beginn der Saison 2003/04. Der Einstieg von Rauball beim Verein hatte auch eine wichtige Personalie zur Folge: Klaus Hilpert, Trainer und Fußballmanager, übernahm die sportliche Leitung.

Es war purer Zufall, dass Hermann ihn persönlich kennenlernen konnte. Er hatte sich mit einem Bekannten auf ein paar Bier im Brauhaus May verabredet. In dem Moment, als er an der Kneipe nahe der Severinsbrücke ankam, klingelte sein Handy. Der Bekannte sagte ab. Leicht verärgert ging Hermann trotzdem hinein, jetzt konnte er erst recht ein Bier vertragen. Er hatte sich gerade auf einem Barhocker an der Theke niedergelassen und ein Kölsch bekommen, als er bemerkte, dass im kleinen Sälchen hinter dem Schankraum eine rot-weiße Fahne mit dem charakteristischen Fortuna-F an der Wand hing. Etwa ein Dutzend Männer, die meisten jünger als er, saßen an einem langen Tisch. Er nahm sein Kölsch und den Deckel und ging hin. Die jungen Leute machten freudig Platz. Sie seien Fortuna-Fans, die sich bislang gar nicht persönlich gekannt hätten, erfuhr Hermann. „Das hier ist ein Forums-Treffen. Jeder, der hier ist, schreibt sonst im Fan-Forum von Fortuna", erklärte einer, der sich Mischa nannte. Hermann verstand höchstens die Hälfte und wollte schon wieder aufstehen, als jemand sagte, dass Klaus Hilpert, der neue Geschäftsführer als Ehrengast erwartet würde. Diese Gelegenheit, aus erster Hand ein wenig mehr darüber zu erfahren, wie es um die Fortuna stand, wollte er sich dann doch nicht entgehen lassen. Richtig konkret wurde der freudig begrüßte Gast dann aber doch nicht. Was ein „professioneller Familienclub" sein sollte, schien nur er allein zu wissen. Jedenfalls schwebte ihm das für die Fortuna vor. Zumindest verschwieg er nicht, dass es noch vieles zu tun gäbe, bis das erreicht sei. Hermann ging später mit dem Gefühl heim, dass im Club offenbar immer noch das große Chaos herrschte. Aber wenigstens hatte er an jenem Abend im Juli 2003 ein lustiges Lied gelernt, dessen Melodie ihm auf dem Heimweg im Kopf herumging:

„Eines Tages, eines Tages wird's gescheh'n –
und dann fahren wir nach Mailand,
um Fortuna Köln zu sehn …"

Einer der Fans hatte das Lied angestimmt, nachdem Hilpert gegangen war. Irgendwann hatte auch er mitgesungen. Als nächstes mussten die Fans jedoch erst einmal nach Oberhausen-Osterfeld fahren, um Fortuna Köln zu sehen.

Die Zuversicht in der Südstadt war nur von kurzer Dauer. Hielt sich das Team 2003/04 noch wacker in der vierthöchsten Spielklasse, änderte sich das in der darauffolgenden Saison. Wieder ging es um Geld. Die meisten Spieler waren nicht mehr bereit, für die Fortuna gegen den Ball zu treten. Das Team fiel größtenteils auseinander. Auch die Trainer schmissen hin.

Hilpert, ein groß gewachsener Mann mit dichten grauen Haaren und einer sonoren Stimme, übernahm für einige Wochen selbst das Traineramt und kam mit einer nie dagewesenen Idee: Das erste Kölner Fußball-Casting. Junge, hungrige Spieler sollten durch ein mehrere Tage dauerndes Massen-Probetraining gewonnen werden.

Es war ein ziemliches Spektakel. Hermann ging irgendwann auch mal für eine Stunde zum Trainingsgelände. Allein das chaotische Bild mit Trikots und Trainingskleidung in unterschiedlichsten Farben wirkte auf ihn wie ein Schock. Hinzu kam, dass wenig spielerische Klasse zu erkennen war. Es schien, als ob etliche Hobbykicker hofften, einen Vertrag zu ergattern. Irgendetwas würde schon herausspringen.

Das schließlich aus knapp 20 Auserwählten zusammengewürfelte Team erwies sich jedenfalls als nicht wettbewerbsfähig. Zur sportlichen Misere kamen erneut wirtschaftliche Probleme. Hilpert leitete zunächst das Training, bis auch er sich mit dem Verein überwarf. Er pochte auf Gehaltszahlungen in fünfstelliger Höhe, die nicht kamen, und die der Verein auf Sponsor Rauball abwälzte. Die Anwälte beider Seiten übernahmen.

Nachfolger auf dem Trainerstuhl wurde im September 2004 Mario Kentschke. Doch er versah seinen Job nur bis zur Abmeldung am Ende der Hinrunde im Januar 2005.

Als Hermann auf der Rückfahrt vom letzten, 7:0 verlorenen Heimspiel dieser trostlosen Saison-Hinrunde im Bus saß, der ihn an diesem trüben Dezembernachmittag von der noch trostloseren Bocklemünder Bezirkssportanlage nach Bayenthal brachte, musste er an die Begegnung zwischen Fans und einigen Spielern nach Spielschluss denken. Niemand hatte sie beschimpft. Im Gegenteil: Günther Schuhmacher, der Ersatztorwart, wurde als Held gefeiert. Schon während der Partie war er in der von Sarkasmus und Selbstironie geprägten Stimmung auf der Sportanlage der Publikumsliebling gewesen. Er war 90 Minuten lang gerannt wie ein kleiner Terrier. Ohne zu zögern, hatte er das Feldspielertrikot angezogen, denn es gab nur elf Aktive. Er war schweißgebadet, schien aber nicht zu frieren. Torwart Jonas Sela, der bei den sieben Gegentreffern machtlos erschienen war, klatschte seinerseits Beifall: „Jungs, ihr seid die Größten, ehrlich", sagte er zu den Fans. „Ich glaube, das war es wohl. Es sieht nicht gut aus", schob er nach. „Haltet die Fahne mit dem roten F weiter hoch", sagte er noch und trottete mit Günther Schuhmacher in Richtung der Umkleiden.

Am grünen Tisch

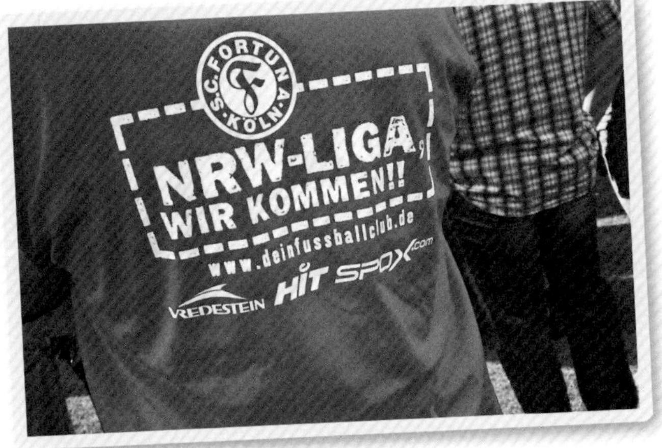

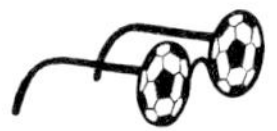

Seinen Mitgliedsausweis hatte Hermann immer noch. Aber mehr als einmal hatte er den Gedanken verscheuchen müssen, aus dem Verein auszutreten. Erst recht in den Tagen Anfang März 2005, vielleicht die dunkelsten in der Vereinsgeschichte.

Schang starb am 6. März. Wahrscheinlich war es Zufall, aber Hermann kam es vor wie ein zynischer Akt: Nur zwei Tage später, am 8. März, wurde das das dritte Insolvenzverfahren gegen den S.C. Fortuna Köln eröffnet. Nicht nur Hermanns Hoffnungen ruhten wieder einmal auf Dr. Christoph Niering.

Richtig erbost war er jedoch, als er wenige Tage nach den Trauerfeierlichkeiten für seinen Freund hörte, jemand habe bei einer Online-Auktion ein paar Handschuhe angeboten, die bei der Beerdigung auf dem Südfriedhof verwendet worden seien. Keine zwölf Stunden nach der Beisetzung war das Angebot im Internet aufgetaucht. Nicht nur Hermann, auch viele andere Fortuna-Fans reagierten schockiert. In der Anzeige waren auf einem unscharfen Digitalfoto weiße, zum Teil verschmutzte Baumwollhandschuhe zu sehen, die als „Andenken an Herrn Löring" angepriesen wurden. Nach 36 Stunden wurde die Auktion jedoch vom Verkäufer selbst wieder beendet. Geboten hatte bis dahin niemand. In der Zeitung las Hermann, dass sich der Anbieter anonym bei einem Reporter telefonisch gemeldet habe, nachdem dieser Kontakt aufgenommen hatte. Da schien er wohl schon Gewissensbisse zu haben. „Das war ein Fehler. Für mich ist die Sache erledigt", wurde er in einem Zeitungsartikel zitiert. Die Handschuhe habe er aus einem Abfallbehälter genommen.

Hermann blieb also weiterhin Vereinsmitglied. Einige Wochen später, es war schon April und endlich war ein Hauch von Frühling in der Stadt zu spüren, kam die Einladung zur Mitgliederversammlung. So etwas hatte es zwei Jahre lang nicht mehr gegeben. Die letzte, die er miterlebt hatte, war die im Rückblick immer noch vollkommen bizarr anmutende, turbulente Versammlung im *Bacchus* gewesen., als zum ersten Mal die Pleite des Clubs gedroht hatte und es gleich zwei Wahlakte für einen neuen Vereinsvorsitzenden gegeben hatte.

Er war gar nicht sonderlich erstaunt darüber, dass die Versammlung im Saal des Stadtgarten-Restaurants im Belgischen Viertel stattfinden sollte. Schließlich war das letzte Heimspiel, das er miterlebt hatte, auch schon „in der Ferne" in Bocklemünd ausgetragen worden. Die Fortuna, der Südstadtclub, war heimatlos geworden.

Den Stadtgarten und den großen Saal kannte er gut. Er war hier sogar schon mit Christa zusammen häufiger zu Gast gewesen. Seit 1986 fanden hier Jazz-Konzerte statt. Der 2. Mai war ein warmer Tag. Hermann fuhr zeitig los, weil er hoffte, vor der Versammlung noch etwas Zeit im Biergarten verbringen zu können. Als er eintraf, saßen schon einige andere Mitglieder auf der Außenterrasse unter den Bäumen. Einige hatten Trikots an. Das fand er unpassend, setzte sich aber trotzdem dazu. Nickte ein paar Leuten zu, die er vom Sehen kannte. Die Stimmung war bei weitem nicht so angespannt, ja gereizt, wie damals im *Bacchus*. Mitten in der Gruppe der Fortuna-Mitglieder saß ein gedrungener Mann mit Glatze, den er noch nie bei Versammlungen gesehen hatte. Den Mann neben ihm, der eine randlose Brille trug und auch sonst offenbar um ein dezentes Auftreten bemüht schien, kannte er ebenfalls nicht. In seinem beigefarbenen Tweed-Jackett mit feinem Karomuster hob er sich jedoch etwas ab von den anderen Männern am Tisch, die fast ausnahmslos bequeme Freizeitkleidung und Jeans trugen. Der Mann mit der Glatze sprach laut und gestikulierte. „In einem Monat wissen wir alle mehr, ich bin sicher, dass Dr. Niering bis dahin eine gute Lösung mit den Gläubigern gefunden haben wird. Und heute legen wir dafür die Basis. Es wird eine neue Fortuna geben, die sich im Amateurbereich etablieren wird. Daran werden Sie sich gewöhnen", hörte Hermann ihn sagen. War schon alles gelaufen, hatte er etwas verpasst?

Er räusperte sich. „Entschuldigen Sie, ich will Sie nicht unterbrechen. Ich bin gerade erst gekommen. Darf ich fragen, wer Sie sind? Mein Name ist Hermann Becker, Friseurmeister." Der Mann schaute ihn durch die großen Gläser seiner Metallrandbrille einen kurzen Moment lang irritiert an, ehe sich sein Gesicht zu einem breiten Grinsen verzog. Er strich sich über den kahlen Kopf. „Wie Sie ja sehen, hab ich damit nicht viel am Hut, mein lieber Herr Becker", lachte er und fügte hinzu: „Mein Name ist Klaus Ulonska und ich möchte mich heute zusammen mit Herrn Bischoff, der hier neben mir sitzt, für den Vorstand zur Wahl stellen." Der Mann im Tweed-Jackett schaute ihn freundlich an und nickte stumm. „Ulonska?", wiederholte Hermann mit fragendem Unterton. „ASV Köln, Kölner Eis-Klub KEK, nicht zu verwechseln mit dem KEC, Jungfrau im Kölner Karneval, Mehr als 20 Jahre im Rat der

Stadt Köln, geboren in der Südstadt, was wollen Sie noch wissen?", kam es stakkatoartig zurück. „Nun", sagte Hermann, dem die Art seines Gegenübers nicht sonderlich gefiel, „zum Beispiel, wie Sie zu Fortuna kommen?" – „Ich will die Geschichte gern wiederholen, ich habe es eben hier im Kreis schon mal erzählt und einige der Anwesenden waren ja auch selber dabei", begann Ulonska. Hermann sah wie einige junge Männer, die er vom Fanclub „Schäng Gäng" kannte, nickten. „Die standen eines Abends bei mir vor der Tür", sagte Ulonska. „Meine Frau hat die reingelassen. Wir saßen eigentlich schon auf der Couch", plauderte er weiter. „Ja, und was soll ich Ihnen sagen. Die fragten mich, ob ich die Fortuna retten könnte. Ich hätte doch gute Beziehungen in der Stadt." Ulonska unterbrach und nippte an seinem Glas Cola. „Ich sage das ganz offen: Ich hatte vorher noch nie viel mit der Fortuna zu tun gehabt. Außer vielleicht, dass ich mal bei einer Karnevalssitzung der Fortuna war, als ich Jungfrau im Kölner Karneval gewesen bin. Dass ich heute hier sitze, ist die Schuld meiner Frau", erzählte er ungeniert weiter. Der Mann im Tweed-Jackett fasste ihn sacht am Unterarm, „Klaus, wenn ich auch mal etwas sagen darf", begann er in deutlich ruhigerem Tonfall. „Wir haben uns das gemeinsam in den vergangenen Wochen überlegt. Klaus wird mit seiner Erfahrung als Vereinsfunktionär sicherlich das Seine beitragen können. Ich komme aus der privaten Wirtschaft und denke, dass ich in diesen Dingen helfen kann. Wir sind beide in der Stadt gut vernetzt", sagte der Mann, der sich später bei der Versammlung als Egbert Bischoff vorstellte.

Bischoff wurde zum Vorsitzenden gewählt. Auch Hermann stimmte für ihn. Klaus Ulonska wurde zweiter Vorsitzender. Diesen Posten teilte er sich sich mit Jens Kuchenbuch, der bis dahin Vorstandssprecher gewesen war. Die Versammlung hatte eine ausgesprochen sachliche Atmosphäre, vor allem dank Christoph Niering, den Hermann schon von der Mitgliederversammlung im *Bacchus* kannte. Auch er zeigte sich optimistisch, was das Insolvenzverfahren betraf. Der erste Erörterungstermin der Gläubigerversammlung war für den 3. Juni angesetzt. Bis dahin wollte Niering alle Ansprüche insoweit bedient haben, dass schon am Ende des Tages eine vollständige Entschuldung des Vereins erreicht werden könne.

Die Hoffnung trog, der Optimismus war verfrüht. Der Termin verstrich, ohne dass es eine Abstimmung über den Insolvenzplan gegeben hätte. Rasch machte die Nachricht Runde, dass ehemalige

Spieler und Trainer sich geweigert hätten, dem Plan zuzustimmen. Unter Hermanns Kunden im Salon waren immer welche, die über gute Informationen verfügten. Sogar Namen wurden genannt. Hermann schüttelte nur den Kopf. „Gut, dass Schang das nicht mehr erleben muss", dachte er bei sich und arbeitete weiter. „Ist die Länge so in Ordnung?", fragte er, um das Thema zu wechseln. Gedanken an Fortuna – davon bekam er in dieser Zeit eher schlechte Laune.

Auf dem Trainingsgelände am Südstadion wurde derweil mit einer neu formierten Mannschaft das Training wieder aufgenommen. Das Ziel lautete, in der Verbandsliga Mittelrhein neu zu starten. Fünfte Spielklasse.

Als neuer Erörterungstermin war der 13. Juli festgesetzt worden. Hermann wartete an diesem Mittwoch gespannt auf die Neuigkeiten aus dem Amtsgericht. Die kamen unerwartet früh, denn die Versammlung dauerte weniger als eine Stunde. Und sie verbreiteten sich rasch. „Ausschlaggebend für die Ablehnung, die nach einer 45-minütigen Beratung im Kölner Amtsgericht feststand, waren unter anderem die Spieler und Trainer sowie das Finanzamt, das auf seinen Forderungen in Höhe von 970.000 Euro besteht", schrieb eine Nachrichtenagentur. „Fortuna Köln am Ende" – so lautete die Schlagzeile in den meisten Zeitungen am nächsten Tag.

Hermann hatte sich schon für den Abend dieses unglückseligen Tages mit anderen Fans im Vereinsheim verabredet, wo sich auch die meisten Spieler der Mannschaft versammelt hatten. Es herrschte eine eigenartige Atmosphäre im Raum. Stummes Kopfnicken als er eintrat. Wenn jemand sprach, dann nur gedämpft. Manche hatten Tränen in den Augen. Endlich kam Egbert Bischoff, neben ihm Klaus Ulonska. Die Mienen der beiden sprachen für sich. „Meine Damen und Herren, die meisten werden die schlechten Nachrichten bereits kennen, aber lassen Sie mich bitte noch einmal berichten, was sich heute zugetragen hat und welche Konsequenzen das für unsere Fortuna haben wird", begann Bischoff in seiner unaufgeregten Art. „Für den zweiten Insolvenzplan hat es keine Mehrheit gegeben", berichtete Bischoff. „Leider haben ehemalige Spieler und Trainer des Vereins, die zu den sogenannten Massegläubigern zu zählen sind, ihre Drohung wahrgemacht und dem Plan nicht zugestimmt." Als Bischoff eine Pause machte, murmelte jemand im Hintergrund: „Dem poliere ich eigenhändig die Fresse.“ Andere lachten bitter oder stießen Flüche aus. „Bitte, meine Herren, lassen Sie Egbert Bischoff weiter berichten“, mahnte Klaus Ulonska. „Auch das Finanzamt Köln-Süd hat seine Zustimmung verweigert“, fuhr der fort. „Damit ging auch die Gruppe der institutionellen Gläubiger für uns verloren. Die Kleingläubiger – darunter sind sicher auch einige von Ihnen, nämlich die Dauerkarteninhaber sowie Lieferanten und Sportverbände, die übrigens in der Verhandlung durch den 1. FC Köln vertreten wurden – haben zugestimmt“, betonte Bischoff. Insgesamt betrachtet habe das jedoch nicht ausgereicht, fügte er hinzu. „Meine Herren, wir müssen uns heute leider eingestehen, dass dies wohl das Ende des S.C. Fortuna Köln ist, des Vereins mit der größten Fußball-Jugendabteilung dieser Stadt. Die endgültige Abwicklung wird voraussichtlich Herr Dr. Niering übernehmen. Ich danke Ihnen für Ihre Aufmerksamkeit.“ Ein Stimmengewirr aus Flüchen und Schluchzen brach aus. Die Tür wurde aufgestoßen, ein großer Teil der mehr als 50 Anwesenden drängte nach draußen. Zigaretten wurden angezündet, Verwünschungen wurden ausgestoßen.

Egbert Bischoff und Klaus Ulonska wurden von einigen Fans umringt. „Ist denn überhaupt nichts mehr zu machen?“, lautete die alles entscheidende Frage. „Nein, ich glaube, das war es wohl“, sagte Klaus Ulonska bitter. Bischoff hatte die Arme vor der Brust verschränkt, das Kinn auf die linke Hand gestützt und schwieg zunächst. Dann holte er tief Luft. „Lassen Sie uns in Verbindung bleiben“, sagte er schließlich. „Von einigen von Ihnen habe ich ja Mail-Adressen. Ich werde mich melden, sobald es irgendetwas Neues gibt. Sie können sich ja dann untereinander austauschen.“ Sonderlich viel Hoffnung konnte er damit nicht verbreiten.

Doch der ehemalige Manager eines Entsorgungsunternehmens schien sich noch nicht damit abgefunden zu haben, dass der Verein, dessen Vorsitzender er seit gerade mal neuneinhalb Wochen war, auf dem Müllhaufen der Fußballgeschichte landen sollte. Gerade mal drei Tage nach dem vermeintlich endgültigen Aus für den Club lud Bischoff erneut in das Vereinsheim ein. Hermann hatte von einem anderen Fan per Telefon davon erfahren. Mit dem Thema Internet hatte er sich bislang nicht auseinandergesetzt. Das wollte er sich für den Ruhestand aufsparen, den Christa und er für das nächste Jahr angepeilt hatten. Christa nutzte dagegen schon länger einen Internetanschluss. Hauptsächlich, um Termine zu verwalten.

Doch ihre Mail-Adresse wollte er nicht angeben. Sie war ohnehin ziemlich genervt davon, dass er neuerdings so viel Zeit damit verbrachte, einen Club zu retten, der womöglich auf dem sicheren Weg in die Pleite war. Andererseits verstand sie, dass dies für Hermann eine Form von Trauerarbeit war.

An diesem Samstag, dem 16. Juli, erfuhren die treuesten Fans es als erste: Mit einer groß angelegten, aber auch sehr kurzfristigen Spendenaktion sollte Geld für den Fortbestand des Vereins gesammelt und auf ein Notar-Anderkonto eingezahlt werden. Das heißt, sollte sich der Zweck, für den die Mittel bestimmt waren, nicht erfüllen, bekämen die Geldgeber ihre Beträge wieder zurück. Auf diese Weise würde eine neue Situation geschaffen, die es den Finanzbehörden erlaubte, einem neuen Insolvenzplan zuzustimmen, so Egbert Bischoff.

In den darauffolgenden Stunden müssen die Telefondrähte der Fortuna-Geschäftsstelle buchstäblich heiß gelaufen sein. Es wurden binnen weniger Tage 40.000 Euro akquiriert. Diese Summe präsentierten Bischoff und Ulonska stolz bei einer Pressekonferenz nur fünf Tage später, am Donnerstag, dem 21. Juli. Mit dem Betrag war die erste von drei Säulen errichtet, auf die sich der Plan „Zukunft Fortuna" stützen sollte. Die zweite Säule hatte bereits ein solides Fundament: Kein Geringerer als der Kölner Oberbürgermeister Fritz Schramma hatte seine bekanntermaßen guten Beziehungen zum 1. FC Köln spielen lassen. Der Politiker schloss sich nach dem Negativ-Urteil für die Fortuna mit dem Präsidenten des 1. FC Köln, Wolfgang Overath, kurz, und sie vereinbarten ein Freundschaftsspiel. Schramma wollte die Schirmherrschaft übernehmen. Bundesligist gegen Verbandsligist, falls die Fortuna überhaupt eine Chance bekommen sollte, in dieser Liga anzutreten. Doch zu diesem Zeitpunkt schien die Zukunft des Vereins schon nicht mehr am seidenen Faden zu hängen, denn da war ja noch die dritte Säule: „Sie ist die tragfähigste in unserem Konstrukt", erklärte Egbert Bischoff. „Heute Morgen um elf Uhr ist es uns gelungen, mit dem Reifenhersteller Vredestein einen neuen Hauptsponsor zu finden", schob er triumphierend nach. Die niederländische Reifenfirma, deren deutsche Niederlassung ihren Sitz in Vallendar bei Koblenz hatte, gab laut Bischoff „die wesentliche Unterstützung" für den Saisonetat. „Wir wollen zeigen, dass wir in der Lage sind, eine materielle Basis für eine Perspektive zu bieten", so Bischoff.

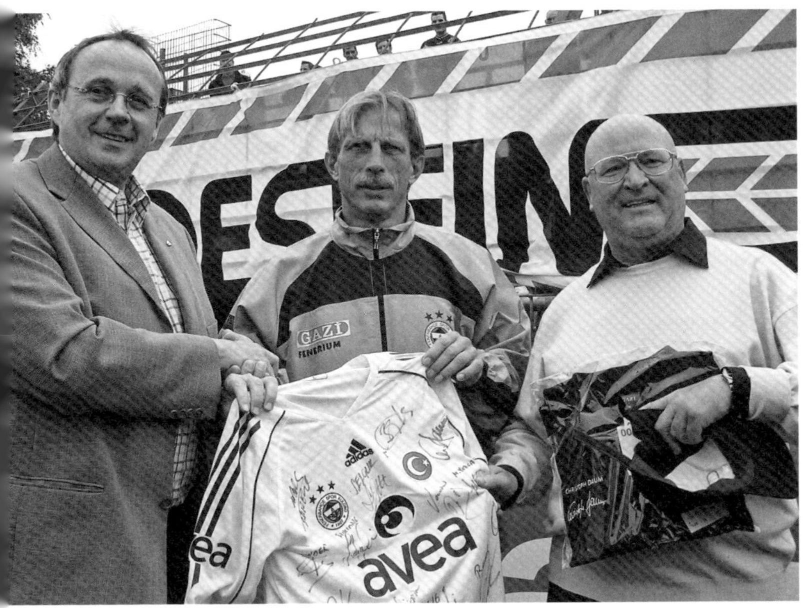

Kölsches Retter-Dreigestirn: Egbert Bischoff, Christoph Daum, Klaus Ulonska.

Dann war Klaus Ulonska an der Reihe. Der Vize hatte seine Kontakte zu Christoph Daum spielen lassen. Der einstige Trainer des 1. FC Köln hatte just zu diesem Zeitpunkt mit seinem Club Fenerbahçe Istanbul im Kölner Südstadion ein Vorbereitungstraining absolviert. „Daum hat sofort eintausend Euro zugesagt. Darüber hinaus wird er uns zahlreiche Kleidungsstücke aus seiner eigenen Kollektion und sogar unterschriebene Fener-Trikots zur Versteigerung zur Verfügung stellen", sprudelte es aus dem einstigen ASV-Sprinter stolz heraus.

Alles klang gut, aber auch nach hektischer Betriebsamkeit. Und sowohl Ulonska als auch dem sonst so gelassen auftretenden Bischoff war die Anspannung anzumerken. „Als ich den Posten annahm, ging ich fest davon aus, dass der aufgestellte Insolvenzplan abgesegnet würde. Ich plante für die Zukunft und wollte die Kapriolen der Vergangenheit ruhen lassen", sagte Bischoff auf die Frage einer Journalistin, warum das alles so plötzlich passiere. „Heute weiß ich, dass ich wohl ein bisschen naiv mit der Insolvenz umgegangen bin", ergänzte er selbstkritisch.

Die Anspannung rund um die Sportanlage Süd blieb erhalten, denn innerhalb von 14 Tagen sollte nun eine endgültige Entscheidung fallen, bei einer erneuten Gläubigerversammlung mit Abstimmung. Und dabei hoffte die Fortuna auf das Finanzamt Köln-Süd.

Natürlich hatte sich Hermann eine Eintrittskarte für das Benefizspiel besorgt. Christa hatte dagegen keine Lust auf das Spektakel. „Ich komme erst wieder mit, wenn sie um den Aufstieg spielen." Damit war das Thema Fortuna für sie vorerst erledigt.

Als Hermann den abschüssigen Weg zur Haupttribüne hinunterschritt, genoss er das eigenartige, fast schon vergessene Gefühl eines Fußballspiels im Südstadion. Hier hatte die Fortuna schon länger kein Spiel mehr ausgetragen. Und dann die Zuschauer: 8.000 Menschen wollten an diesem lauen Dienstagabend, 2. August, dabei sein. Natürlich waren die allermeisten gekommen, um die FC-Spieler zu sehen. Für den von Uwe Rapolder gecoachten Bundesligisten war es der letzte Test vor Saisonbeginn. Die Zuschauer waren also gespannt darauf, die beste Elf zumindest zu Beginn der Partie zu erleben. Lukas Podolski, Albert Streit, Matthias Scherz und viele weitere Stars liefen auf. In der Halbzeit sang Marie-Luise Nikuta kölsche Lieder. Die Fans wurden vom Ergebnis nicht enttäuscht. 10:0 ging es aus. Auf Stehplatz-Mitte hatten die treuen

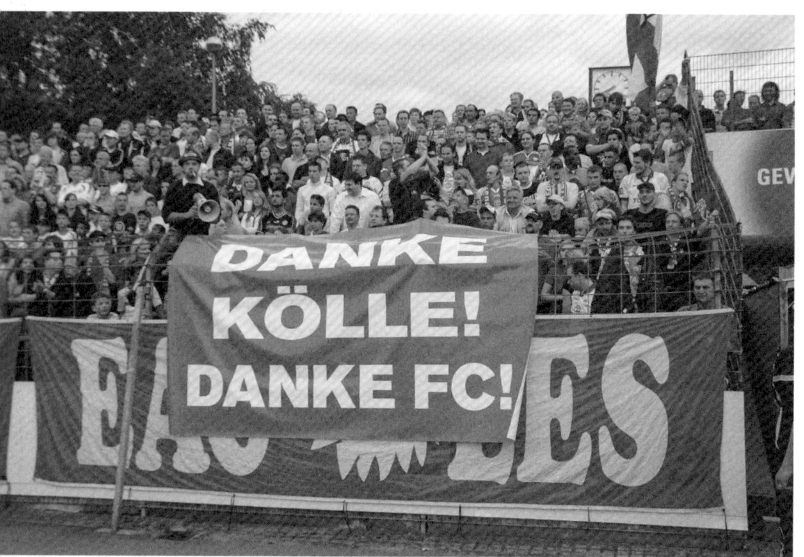

Fortuna-Fans zeigten sich dankbar.

Fortuna-Fans vor dem Spiel ein Banner entrollt: „Danke Kölle – Danke FC“ stand darauf. Hermann konnte sich denken, dass es über diesen Text auch kontroverse Diskussionen gegeben haben mochte. Das in Rot aufgelaufene Team der Fortuna wurde mit Sprechchören gefeiert. Für eine Mannschaft, die sich nicht einmal sicher sein konnte, dass sie in der nächsten Saison spielen würde, war das 0:10 gegen einen Bundesligisten gar kein so schlechtes Resultat, fand Hermann.

Viel wichtiger als die vielen Tore, die im Südstadion gefallen waren, war die stolze Summe von 30.000 Euro an Einnahmen, die ebenfalls auf das „Zukunft Fortuna“-Konto floss und somit die Basis für einen Fortbestand weiter festigte.

„Judgement Day“ – das Jüngste Gericht – nannten einige Fans jenen Mittwoch, den 17. August, an dem die endgültige Verhandlung über die Insolvenz des Vereins stattfinden sollte. Vielleicht waren sie inspiriert von den Zigtausenden beseelter Gäste, die in diesen Tagen nach Köln gekommen waren. Der Weltjugendtag fand bis zum Sonntag statt.

Die Verhandlung war erneut kurz, doch sie brachte das von so vielen erhoffte Ergebnis: die Rettung des Vereins. Ein neuer Insolvenzplan war vorgelegt worden. In diesem konnte der Verein – dank der Spenden, der Einnahmen aus dem Benefizspiel und der Sponsorensumme – seine gesicherte Finanzlage für die nächste Zukunft belegen. Die Gläubigerversammlung stimmte dieses Mal zu. Schon vor dem Amtsgericht an der Luxemburger Straße fielen sich ein paar Fans, die dort ausgeharrt hatten, stumm in die Arme, darunter auch Hermann. „Wir haben es geschafft, trotz der beiden …“, flüsterte ihm ein Mitglied der Geschäftsstelle zu. Wen er meinte, war Hermann sofort klar. Die Namen ehemaliger Spieler und Trainer, die sich bis zuletzt geweigert hatten, dem Insolvenzplan zuzustimmen, kursierten schon länger im Viertel. Entscheidend war aber die Zustimmung des Finanzamtes Köln-Süd als Hauptgläubiger. Der Verein war damit schuldenfrei. In Rom bereitete sich der Papst auf seinen Besuch in Köln vor, aber irgendwie mussten ihn die Fortuna-Verantwortlichen schon vorher in ihre Tasche geschmuggelt haben.

Das Vereinsheim platzte an diesem Abend aus allen Nähten. Hermann saß auf der improvisierten Terrasse vor dem Eingang auf einer der Bierbänke. Vor ihm standen drei Gläser Kölsch. Immer wieder wurden Runden gebracht. Er konnte schon gar nicht mehr mithalten. Es war ein Höllenlärm, weil immer wieder jemand anfing, ein Lied zu grölen. Er stieß seinen Nebenmann an. „Du musst mir das noch mal erklären, warum hatte die Ablehnung des Insolvenzplans keine Gültigkeit?" Er wusste, dass der Fan neben ihm Jurastudent war. Er war mit ihm vor der Mitgliederversammlung auf der Terrasse des Stadtgartens ins Gespräch gekommen und fand ihn sehr sympathisch. „Das nennt man Obstruktionsverbot", erklärte dieser. „Und was heißt das auf Deutsch?", fragte Hermann. „Ganz einfach. Man darf den Plan nicht einfach aus Frackigkeit behindern." – „Dann verstehe ich das jetzt auch. Danke dir, mein Freund. Auf die neue Saison!" Sie prosteten sich zu. Nicht zum ersten und nicht zum letzten Mal an diesem Abend. So viel Bier hatte Hermann schon lange nicht mehr intus gehabt. Umso dankbarer war er dafür, dass drei Fans ihn mit dem Taxi zu Hause absetzten. Schon in der darauffolgenden Woche war er jedoch wieder im Südstadion. Es war das erste Spiel der Verbandsligasaison 2005/06. SSG Bergisch Gladbach hieß der Gegner.

Die 2:3-Niederlage sollte nicht die einzige in dieser Saison bleiben. Gelinde ausgedrückt, wurde die Spielzeit eine ziemlich nervenaufreibende Angelegenheit. Es sollte bis zum Oktober dauern, ehe der erste Sieg bejubelt werden konnte. Hermann las erst am darauffolgenden Montag in der Zeitung davon, denn auf eine Auswärtsfahrt nach Dürwiß hatte er keine rechte Lust gehabt. Der 3:2-Erfolg ließ ein bisschen Hoffnung aufkeimen, dennoch fand sich das Team zur Winterpause auf dem letzten Platz wieder. Die wenigen hundert Fans, die trotz allem noch zu den Heimspielen kamen, spalteten sich in diejenigen auf, die Durchhalteparolen verbreiteten, und in solche, die im Falle eines Abstiegs in die Landesliga ihre Treue aufgeben wollten.

Genau genommen, war die Situation sogar ziemlich aussichtslos. Aufgrund einiger Nachholspiele und des ziemlich früh terminierten Saisonendes wegen der bevorstehenden Fußball-WM in Deutschland stellte die im März 2006 beginnende Rückrunde mit 17 Spielen innerhalb von gut zwei Monaten einen Kraftakt dar, den viele dem Team nicht zutrauten.

Die Wende zum Besseren trat ausgerechnet im Derby gegen den Lokalrivalen aus dem Rechtsrheinischen ein, der nach einer Fusion mit dem SC Brück den Vereinsnamen in SCB Viktoria Köln geändert hatte. Es war der erste Heimsieg im Südstadion nach mehr als 22 Monaten. Zugleich war es für längere Zeit das letzte Spiel der Fortuna in dem Stadion, in dem sie seit 1978 ihre Heimspiele austrug. Denn das Südstadion wurde zu einer der Trainingsstätten für die ausländischen Nationalmannschaften, die während der Fußball-Weltmeisterschaft ihre Spiele in Köln austrugen.

Daher diente zunächst die Ostkampfbahn unweit des einstigen Stadions Radrennbahn in Müngersdorf für ein Spiel als Heimspielort. Immerhin konnte dort ein 1:0-Sieg gegen den FSV Geilenkirchen-Hünshoven gefeiert werden. An solche Gegner musste sich nicht nur Hermann erst wieder gewöhnen. Das und die Tatsache, dass Auswärtsfahrten auf Sportplätze führten, die nicht viel weiter als im Kölner Umland lagen, erinnerten ihn an die frühen Sechzigerjahre, als die Fortuna bis in die Landesliga abgerutscht war.

Das Spiel in der Ostkampfbahn fand an einem Freitagabend statt. Als er an der Straßenbahn-Haltestelle „Stadion" in Müngersdorf ausgestiegen war, wäre er aus lauter Gewohnheit fast aus Versehen nach rechts abgebogen in Richtung Radrennbahn, der einstigen Spielstätte, die er zwischen 1967 und 1978 so oft aufgesucht hatte. Es war schon fast dunkel, als er mit zwei Freunden den gepflasterten Weg zwischen den Stadionvorwiesen entlangging. Hier hatte die Mannschaft damals oft trainiert. Ein paar Mal hatte er seinen freien Montag genutzt und zugeschaut, wie die Trainer Martin Luppen, Rudi Gutendorf und ein paar Mal auch der Schang selbst versuchten, den Spielern die Müdigkeit nach den Einsätzen vom Wochenende auszutreiben. Die Stimmung war mal verbissen, mal albern – je nachdem wie die Partien ausgegangen waren.

Die Ostkampfbahn war ein Sportplatz, nicht mehr und nicht weniger. Ein fahles Flutlicht, kaum mehr als eine Trainingsbeleuchtung, erhellte das Spielfeld. Inmitten von vielleicht 300 Zuschauern standen er und seine Begleiter auf der Laufbahn an der Längsseite in Höhe der Mittellinie. Immer wieder mussten sich Zuschauer als Balljungen betätigen. Viele versuchten dafür aber auch, wie ein Trainer Einfluss zu nehmen. Es wurden Anweisungen, Aufmunterungen und manchmal auch Flüche auf das Spielfeld gebrüllt. Hermann ertappte sich bei dem Gedanken, dass ihm diese hitzige Atmosphäre Spaß machte. Er hörte, wie die Spieler keuchten, sah die verschwitzten Trikots. Der Sieg tat ein Übriges dazu, dass er noch einige weitere dieser Spiele besuchte.

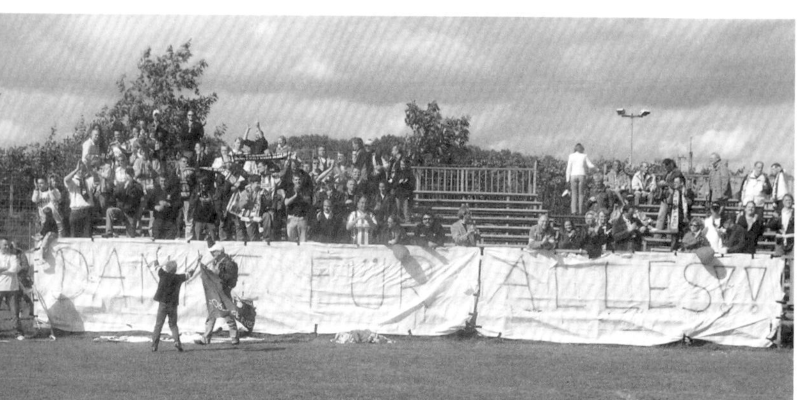

Behelfstribüne Trainingsplatz: Dankbares Publikum.

Damit war er nicht allein, wenn auch als Anhänger des S.C. Fortuna Köln in dieser Stadt immer noch in einer eher exklusiven Gesellschaft. Trotzdem: Mit im Schnitt fast 500 Zuschauern stellte ausgerechnet die Fortuna, die in der 2. Liga oft wegen der geringen Zuschauerzahlen verspottet worden war, den höchsten Zuschauerschnitt der gesamten Verbandsliga Mittelrhein.

In dieser Saison gab es eine Premiere, über die sich Hermann besonders freute. Die „Jean-Löring-Arena" wurde eingeweiht. Im Grunde war es nur der Rasen-Trainingsplatz auf der Sportanlage, der mittels einer Rosenmontags-Tribüne zu einer Art Stadion umfunktioniert worden war, aber trotzdem fand nicht nur er diese Geste mehr als gerechtfertigt.

Bis zum vorletzten Spieltag dieser Saison musste indes gezittert werden. Erst ein Sieg in Bad Honnef bewahrte das Team vor dem Abstieg in die Landesliga. Den Ausflug an den Rhein machte Hermann mit einigen Bekannten, ältere Herren wie er, die sich mit rot-weißen Schals ausstaffiert auf der Tribüne einfanden. Die Stimmung erinnerte an eine Kegeltour. Gut 1.000 weitere hatten den Weg aus Köln angetreten. Es herrschte Heimspielatmosphäre, wie er sie zu Hause lange nicht erlebt hatte, und die Partie nahm einen Verlauf, wie er spannender kaum hätte sein können. Die Heimmannschaft ging nach einer halben Stunde durch Marco Stasiulewski mit der ersten ernsthaften Möglichkeit überraschend in Führung (30.). Kurz vor der Pause aber konnten die Kölner endlich jubeln: Marc Böing sorgte für das 1:1. Kurz nach dem Wiederanpfiff zur zweiten Halbzeit war es ausgerechnet Fortunas Routinier Jürgen Radschuweit, der schon in der 2. Bundesliga von 1993 bis 1997 für die Südstädter 117 Spiele bestritten hatte, der die Führung erzielte. Dann sah sich die Fortuna wütenden Angriffen ausgesetzt, konnte sich aber immer wieder Kontermöglichkeiten erarbeiten. Die Kölner Fans wurden auf der Tribüne halb wahnsinnig, denn diese wurden ausnahmslos vergeben. Als nach der letzten vertanen Chance für die Hausherren endlich der Schlusspfiff ertönte, kannte die Freude keine Grenzen. Erst recht nicht die Werbebande, die die Sitzplatztribüne vom Spielfeld trennen sollte. Hermann schaute sich die Freudentänze von Spielern und siegestrunkenen Fans, von denen einige ihren Freudentränen freien Lauf ließen, lieber von oben an.

Während der Fußball-Weltmeisterschaft hatte Hermann seinen Salon mit kleinen Flaggen der WM-Teilnehmer dekoriert. Er und seine Angestellten trugen weiße Deutschland-Trikots bei der Arbeit. Inmitten des Schmucks fiel das Plakat über den Spiegeln weniger auf: „1962 – 2006 Danke für Ihre Treue“. Hermann war es ganz recht so, dass wenig Aufhebens um seinen bevorstehenden Ruhestand gemacht wurde. Sein Entschluss, den Salon Krings abzugeben, stand fest. In der Kölner Ladenstadt im Salon *Und Schnitt!* war es genau umgekehrt: Keine Fußball-Deko, dafür viel Aufhebens wegen der scheidenden Inhaberin. Christa brachte tagelang riesige Blumensträuße, Sekt, Champagner und teuren Rotwein mit nach Hause. Sie waren inzwischen zusammengezogen. Ihre jetzt schon so lange währende „wilde Ehe“ wollten sie aber trotzdem nicht aufgeben.

Die erste Verbandsliga-Saison schloss die Fortuna auf Tabellenplatz 7 ab. Das täuschte über die zwischenzeitliche sportliche Misere hinweg. Zu dem nicht mehr für möglich gehaltenen Erfolg trugen wohl wesentlich zwei Personalentscheidungen in der Winterpause bei. Für den mäßig erfolgreichen Trainer Andreas Drysch war Bert Esser geholt worden, dessen erste Amtshandlung der Griff zum Telefon war. Er hatte vom Vorstand freie Hand bekommen zur Verpflichtung weiterer Spieler. Hermann hörte von der Geschichte erst nach der Rettung vor dem Abstieg, als nämlich die ausgelassene Siegesfeier von Bad Honnef von einigen Dutzend Fans am Vereinsheim in Zollstock fortgesetzt wurde. Irgendwann setzten sich Trainer Bert Esser und Mannschaftskapitän Conny Wieting zu Hermann an den Tisch. Wieting hatte in der einen Hand eine Zigarette, in der anderen eine Flasche Bier. Das fand Hermann nicht schlimm. Wenn es einer verdient hatte, sich ein paar Genussmittel zu gönnen, die Sportler eigentlich meiden sollten, dann dieser Spieler. „Was hat Sie eigentlich zur Fortuna gebracht", fragte Hermann interessiert. „Ey, sach Conny zu mir", grinste ihn Wieting mit einem Augenzwinkern an und deutete mit dem Kinn auf Bert Esser. „Dä do es et Schuld, stimmp et Bert?", flachste er in Richtung des Trainers. „Wie meinst du das, Conny?", hakte Hermann nach. „Na, wenn der nicht hier Trainer geworden wäre, wäre ich nie von Renault Brühl weggegangen. Schon gar nicht zur Fortuna, so schlecht wie die standen." Hermann gefiel die offene Art des Spielers, den er bis dahin nur von der Tribüne aus hatte beobachten können. Vor allem das breite Kölsch, das er sprach.

Wieting war jemand, der die Zuschauer durch geniale Aktionen mitreißen konnte, aber auch bisweilen in den Wahnsinn trieb, wenn er Gegenspieler oder Schiedsrichter provozierte und kurz vor dem Platzverweis stand. Er scheute sich bisweilen auch nicht, sich mit gegnerischen Fans anzulegen, wenn ihm danach war. Er sprach wie ihm der Schnabel gewachsen war. So eine echte Type hatte es im Verein lange nicht mehr gegeben, fand Hermann. „Und was war passiert?" – „Kann ich dir genau sagen. Ich hatte gerade erst davon erfahren, dass der Bert bei Fortuna anfangen will und mir noch gedacht: ‚ist der bekloppt', da klingelt auch schon mein Handy und er war dran." – „Und wie hat er dich dann hergelotst?" – „Naja, so richtig zufrieden war ich ja auch nicht mehr in Brühl, das ist das eine. Aber dann hat mir der Bert noch die Namen der Leute vorgelesen, die er schon geholt hatte. Da war ich angefixt. Da hatte ich richtig Bock drauf", sagte er und zündete sich eine weitere Zigarette an. Außer seinem Namen standen auf der Liste der Wunsch-

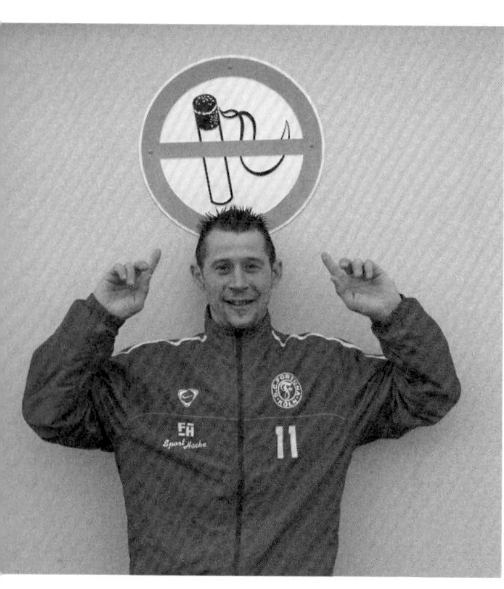

Echte Type mit kleinem Laster: Conny Wieting.

spieler von Bert Esser noch Philipp Jacobsen, Sebastian Stache und Tulga Batur. Der bekannteste war Jürgen Radschuweit. Der ehemalige Fortuna-Profi aus Zweitligazeiten hielt mit 38 Jahren noch einmal in der Verbandsliga die Knochen für seinen alten Club hin.

Nach dem Klassenerhalt setzte sich der Vorstand neue Ziele. „Wir wollen im zweiten Jahr Verbandsliga oben mitspielen, uns von Anfang an Respekt verschaffen und ein ernstes Wort mitreden. Auf keinen Fall wollen wir den Start verschlafen und wieder in den Abstiegssog geraten“, versprach Vorsitzender Egbert Bischoff zu Saisonbeginn. Er tat das nicht ohne Grund. Tatsächlich hatte sich der Verein in einem gewissen finanziellen Rahmen mit neuen Spielern verstärken können. Trotzdem warnte Bischoff: „Dieses Saisonziel ist aber nur mit äußerster Disziplin, Konzentration und dem Einsatz aller Beteiligten und Verantwortlichen zu erreichen.“ Um sich ganz auf den Ligabetrieb konzentrieren zu können, verzichtete der S.C. Fortuna Köln auf die Teilnahme am Verbandspokal-Wettbewerb.

In diesen Tagen, als die Vereinsführung die Marschroute für die kommende Saison vorstellte, galt allerdings das Hauptinteresse so ziemlich aller Fußballfans der Weltmeisterschaft. Auch Hermann ließ sich schnell in den Bann ziehen. Die Stadt war voller Gäste, denn das Müngersdorfer Stadion war einer der Austragungsorte. In den Kneipen und Biergärten saßen Abend für Abend die Menschen und hatten lange Zeit Spaß am Auftritt der deutschen Mannschaft.

Deswegen entging Hermann auch, dass in der Vorstandsetage des S.C. Fortuna Köln die stets zur Schau getragene Harmonie allmählich Risse bekam. Im Oktober war es dann so weit: Für viele überraschend erklärte Egbert Bischoff seinen Rücktritt als Erster Vorsitzender. Die Mitgliederversammlung bestimmte seinen bisherigen Stellvertreter Klaus Ulonska zu seinem Nachfolger. Es gab stehende Ovationen für den scheidenden und für den neuen Ersten Vorsitzenden. Die Bezeichnung „Präsident“ vermied man tunlichst. Aus Respekt vor Jean Löring.

Die von Johannes Böhne, dem langjährigen Vertrauten Jean Lörings, geleitete Versammlung demonstrierte, dass im Verein nach den stürmischen Zeiten der vergangenen Jahre Ruhe eingekehrt war. Unter der Hand wurde anderes erzählt. Bischoff soll die Art und Weise nicht gepasst haben, mit der Ulonska in manchen finanziellen Angelegenheiten agierte.

Eitel Sonnenschein herrschte also beileibe nicht, zumal die Mannschaft die in sie gesetzten Erwartungen anfangs nicht erfüllte. Statt vom sicheren Klassenerhalt musste leider wieder vom Abstiegskampf gesprochen werden. Genauer gesagt, wurde vor der Winterpause schon nicht mehr gesprochen, sondern krakeelt. Enttäuschte Fans hatten schlicht Angst, dass die Fortuna absteigen und sich dann womöglich tatsächlich doch noch auflösen könnte. In Dürwiß drohte die Stimmung endgültig zu kippen, als das Team 2:3 verlor. Hermann hatte das Spiel vor Ort mit angesehen. An den wütenden Parolen „Esser raus" beteiligte er sich nicht. Er blieb bekümmert am Spielfeldrand stehen und sprach noch mit ein paar Begleitern über den unglücklichen Spielverlauf und die vielen vergeben Torchancen. Derweil hatten sich auf dem Rasen einige Dutzend Kölner Fans um Trainer und Betreuer gruppiert. Bert Esser war die Erschütterung über den offen gegen ihn vorgetragenen Hass deutlich anzusehen. Doch auch er war wütend. Er sprach mit einigen Spielern, schüttelte dabei unaufhörlich den Kopf und wehrte jeden ab, der versuchte, irgendwie beruhigend auf ihn einzuwirken. Dann riss er sich los, die fluchenden Fans wichen zurück, und er stapfte über den Rasen in Richtung des Clubheims, wo die Mannschaftsumkleiden waren. Hermann sah, wie Klaus Ulonska und weitere Vorstandsmitglieder hinter ihm herliefen.

Die wütenden Fans blieben zurück. Auch die letzten Spieler, die bis dahin noch versucht hatten, ein vernünftiges Gespräch zu führen, waren inzwischen unterwegs zu den Umkleiden. Ein paar der ehrenamtlichen Ordner des gastgebenden Vereins bauten sich mit ängstlichem Gesichtsausdruck vor dem Eingang auf. Allmählich ebbten die Sprechchöre ab, dafür begannen die Diskussionen. Es dauerte fast eine halbe Stunde, bis sich die Tür wieder öffnete und die Mannschaft, ihr Trainer und die Vorstandsmitglieder hinaustraten. Ihre Mienen waren ernst. „Liebe Fortunafreunde", ergriff Klaus Ulonska das Wort. „Glauben Sie mir, ich kann Sie vollkommen verstehen. Mir hat das heute auch nicht gefallen. Aber wir verlieren zusammen und wir werden auch wieder zusammen gewinnen. Ich bitte Sie, haben Sie das Vertrauen, das auch wir zu unserem Team mit dem Kapitän Conny Wieting und Trainer Bert Esser haben. Ich wünsche Ihnen eine gute Heimfahrt." Zurück blieb eine zunächst sprachlose Gruppe von Fans. Einer begann zu grölen: „Eines Tages, eines Tages …“ Tatsächlich fielen einige mit ein, ehe sich der Pulk zum Parkplatz begab und die Heimreise antrat.

Der Burgfrieden hielt aber nicht bis zum Saisonende. Trotz des eigentlich gut besetzten Kaders befand sich Fortuna lange Zeit in bedrohlicher Nähe zu einem Abstiegsplatz. Gegen den damit verbundenen endgültigen Sturz in die Bedeutungslosigkeit stemmte sich der Vorstand mit aller Macht. Das Opfer: Der ehemals gefeierte Erfolgscoach Bert Esser wurde nach einem weiteren Unentschieden in Rheinbach wegen Erfolglosigkeit entlassen. Für viele überraschend, wurde als Nachfolger ein alter Bekannter im Südstadion präsentiert. Nach vier Jahren kehrte Ralf Aussem an seine alte Wirkungsstätte zurück, um den Verein zum Klassenerhalt zu führen.

Der Schachzug sollte sich auszahlen. Während die ersten beiden Spiele unter Aussems Regie 0:0 und 2:2 endeten, konnte Fortuna danach in Lich-Steinstraß und zu Hause gegen Dürwiß verdiente Siege einfahren. Das verschaffte etwas Luft im Abstiegskampf. Nach einem weiteren famosen 5:1-Kantersieg in Wegberg wäre der Klassenerhalt schon mit einem Punktgewinn in Troisdorf vorzeitig gesichert gewesen. Doch das Spiel ging unglücklich 2:3 verloren.

Dann kam am vorletzten Spieltag ausgerechnet Lokalrivale Viktoria. Lange nicht mehr hatte Hermann ein Spiel unter solcher Anspannung verfolgt. Die Stimmung hatte nichts mit der fröhlichen Kegeltour-Atmosphäre ein Jahr zuvor in Bad Honnef gemein. Am Ende sicherte ein 3:0-den Klassenerhalt.

Ralf Aussem strebte nach dieser Saison nach Höherem. Der ehemalige Spieler, der 193 Mal für die Fortuna in der 2. Liga aufgelaufen war, wechselte zu Rot-Weiss Essen. Als Nachfolger hatte der rührige Vorstand mit Matthias Mink einen weiteren ehemaligen Spieler in die Südstadt holen können. Mink hatte zwischen 1992 und 1999 in insgesamt 156 Spielen für die Fortuna auf dem Platz gestanden. Als Hermann ihn beim Trainingsauftakt zum ersten Mal sah, hatte er den Eindruck, dass dieser Mann, der gerade seinen 40. Geburtstag gefeiert hatte, problemlos selbst in der Verbandsliga würde mitspielen können, so schlank und drahtig wirkte er. Viele Kiebitze waren nicht auf den Rasenplatz gekommen, die meisten Anwesenden waren Sportreporter und Fotografen. Das offizielle Mannschaftsfoto wurde gemacht, Spielerporträts … ein Hauch von Profi-Atmosphäre wehte über die Bezirkssportanlage.

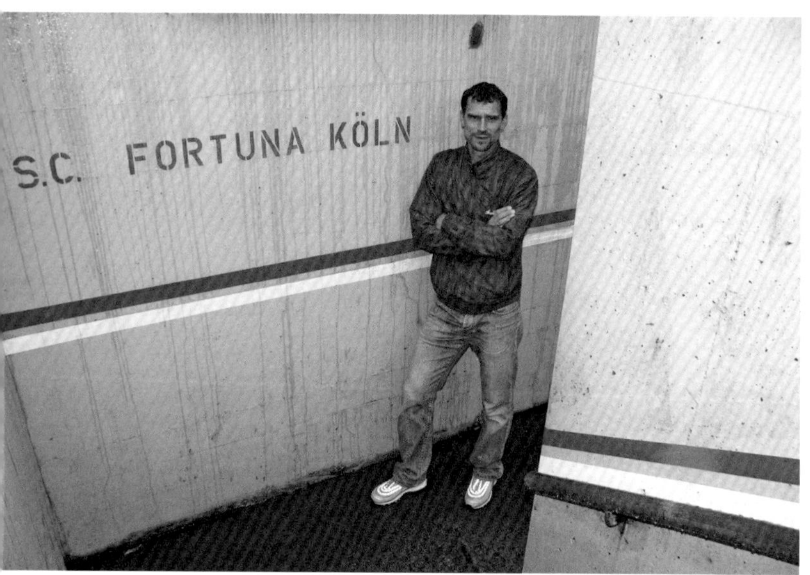

Mit Matthias Mink führte Fortunas Weg nach oben.

Als die Spieler begannen, erste Laufeinheiten zu absolvieren, gab Vorsitzender Klaus Ulonska am Rand des Rasenplatzes ein paar Interviews. Hermann stand ein wenig abseits, bekam aber gut mit, was der Vorsitzende den Journalisten in die Blöcke diktierte. „Ich sage das ganz klar, alles andere als ein Aufstieg wäre für mich eine Enttäuschung." War das ernst zu nehmen? Hermann sah, dass einige schon ungläubig mit dem Kopf schüttelten. Der Abstieg in die Landesliga war einigermaßen knapp verhindert worden, und jetzt baute dieser Mann von Beginn an Druck auf, indem er das Ziel dermaßen hochsteckte? Hermann verließ mit gemischten Gefühlen das Trainingsgelände. Es war ein sonniger Tag. Er schlug den Weg durch den Vorgebirgspark in Richtung Bayenthal ein.

Wie andere eingefleischte Fans hatte auch er sich inzwischen mit der Konkurrenz gut vertraut gemacht. Auch wenn da längst keine Namen wie Bielefeld, Duisburg oder Darmstadt mehr auftauchten, sondern Wegberg-Beeck, Freialdenhoven und Düren. Nicht zu vergessen die unmittelbaren lokalen Rivalen FC Junkersdorf, Viktoria Köln und VfL Leverkusen.

Die Zwischenbilanz nach der Hinrunde bot noch keinen Anlass zur Euphorie. Acht Siege, aber auch fünf Niederlagen bei nur einem

Unentschieden verbuchte die Fortuna nach 14 Spielen. Unter den Niederlagen wurmten insbesondere die in Rheinbach, vor allem aber das 0:4 gegen den Lokalrivalen aus Höhenberg. Ausgerechnet. In dieser Situation. Die kämpferische Einstellung, die die Mannschaft in Freialdenhoven gezeigt hatte, stimmte jedoch ein klein wenig optimistisch. Hermann hatte sich damals überreden lassen, mit einer Fangruppe in einem Kleinbus in den Ort bei Heinsberg zu fahren. Er fand sich in einem verrückten Haufen junger Leute wieder, für die schlechte Laune und Aggression Fremdwörter zu sein schienen: dem Fanclub SC Mülltonn. Hinten im Laderaum des Busses hatten sie Trommeln und bunte Fahnen verstaut. Es erinnerte ihn ein wenig an die allerersten Auswärtsfahrten, die er Anfang der Siebziger mitgemacht hatte. Der Weg führte am Braunkohle-Tagebau vorbei. Er hatte schon schönere Landstriche gesehen, aber die gute Stimmung im Bus entschädigte dafür. Ein paar der jungen Leute rauchten. Würziger Geruch breitete sich aus. Tatsächlich, auch der erinnerte ihn an die Siebziger.

Den kreisenden Joint lehnte er jedoch ab. „Jungens, das fange ich mit meinen bald 70 Jahren nicht mehr an“, sagte er. Die anderen lachten. „Wieso, gerade jetzt wäre das doch ein guter Zeitpunkt“, meinte einer. Es wurde noch lauter gelacht, aber niemand bedrängte ihn. Trotzdem war er einer der ersten, die sich am Vereinsheim in Freialdenhoven an der Kuchentheke anstellten. Die Gastgeber hatten sich gut auf das Kölner Publikum eingestellt. Hermann war froh über die kühle und frische Luft, die über den Sportplatz wehte.

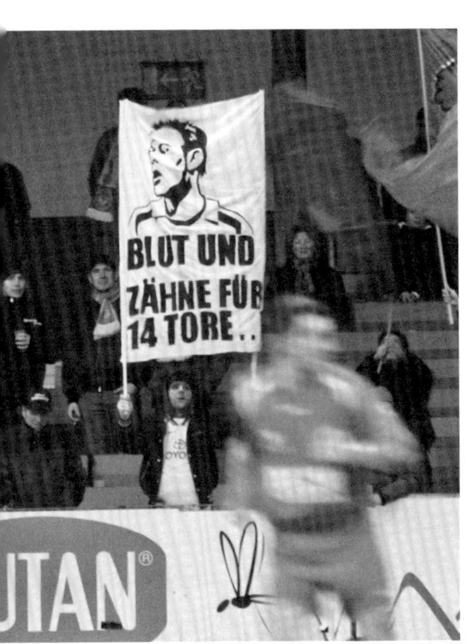

Nur echte Helden bekommen solche Banner.

Es war ein kampfbetontes Spiel an diesem herbstlichen Sonntagnachmittag auf tiefem Boden, der noch dazu mit Herbstlaub übersät war. Besonders schlimm erwischte es Stürmer Marco Stasiulewski. Bei einem Zusammenprall verlor er drei Schneidezähne. Minutenlang kümmerten sich die Betreuer auf dem Spielfeld um ihn. Er blutete aus einer aufgeplatzten Lippe. Die Fans stimmten „Stasi, Stasi"-Sprechchöre an. Längst war der Mann, der als Spieler bei Bad Honnef die Fortuna seinerzeit fast in die Landesliga geschossen hätte, Publikumsliebling in der Südstadt. Bert Esser hatte ihn ein Jahr zuvor geholt. Tatsächlich brachte der bullige Stürmer das Spiel trotz Zahnverlusts zu Ende. Die Fans bejubelten das 3:1 und die Mannschaft bedankte sich mit einem „Diver" vor der kleinen Tribüne, die fest in Kölner Hand war. Auf der Rückfahrt im Kleinbus gab es kein anderes Gesprächsthema als die Heldentat von Stasi. „Dem machen wir ein Banner", sagte einer. „Und ich weiß auch schon, was wir draufschreiben!" Tatsächlich wurde schon beim darauffolgenden Heimspiel das Banner hochgehalten. „Blut und Zähne für 14 Tore" stand da zu lesen. Marco Stasiulewski bedankte sich mit weiteren Treffern.

Die Unterstützung durch die Zuschauer wuchs allmählich wieder. Wann zuletzt mehr als 1.000 Fans zu einem Auswärtsspiel mitgekommen waren, daran konnte sich selbst Hermann nicht erinnern. Allerdings: sonderlich weit hatten es die Anhänger nicht. Der Gegner hieß FC Junkersdorf und angesichts des zu erwartenden Andrangs war die Partie auf die Bezirkssportanlage Chorweiler verlegt worden. Bedeutsamer noch als der frenetisch gefeierte Sieg gegen den Lokalrivalen, der die Aufstiegsträume am Leben hielt, waren in diesen Tagen geheime Verhandlungen. Ein klein wenig davon schnappte Hermann in der Halbzeitpause auf. Ein Vorstandsmitglied raunte ihm zu: „Mach dich auf Neuigkeiten gefasst. Die Fortuna, wie du sie noch kennst, wird es wahrscheinlich so nie mehr geben." Das klang geheimnisvoll und irgendwie unheimlich. Ein paar Tage später sollte Hermann mehr erfahren und mit ihm jeder andere im Land, der sich für Fußball interessierte. Denn Jahre nach den unrühmlichen Schlagzeilen über die Insolvenzen war sein Lieblingsclub damit wieder bundesweit in der Presse.

„Der Schäng und seine 30.000 Erben" schrieb das Magazin 11 Freunde über das Projekt „Dein Fußballclub". Soweit Hermann es verstand, sollten Fans via Internet Mitglied des Vereins werden für 39,90 Euro pro Jahr. Damit sollten sie Stimmrecht erhalten über Spielerkäufe, Mannschaftsaufstellung und Taktik, ja sogar über die Getränkepreise im Stadion. Er war skeptisch, als er diese Details hörte, was aber mehr damit zusammenhing, dass er keine Ahnung hatte, wie das Internet funktionierte. Und überhaupt: Woher sollten denn plötzlich 30.000 Fans kommen? Da er als Rentner Zeit genug hatte, ging er zum Vereinsheim, wo das Vorhaben der Presse vorgestellt werden sollte. Es war voll wie lange nicht mehr. Kameras waren aufgebaut, Fotografen und schreibende Journalisten drängten sich vor dem Podium. Hermann stand in einer Ecke, niemand achtete auf ihn.

Am Tisch erkannte er Trainer Matthias Mink und den Vorsitzenden Klaus Ulonska, der ein dunkles Jackett und eine rote Krawatte trug. Es musste also was außerordentlich Wichtiges sein. In einem vergleichbaren Aufzug hatte er Ulonska zuletzt vor knapp drei Jahren beim Benefizspiel gegen den FC gesehen. Ulonska wirkte angespannt. Nach der Begrüßung übergab er das Wort an den jungen Mann neben ihm, der sich als Dirk Daniel Stoeveken vorstellte. Es hätte sein Sohn sein können. Neben ihm saßen Burkhard Mathiak, der als neuer Pressesprecher vorgestellt wurde, und Regisseur Sönke Wortmann als prominenter Pate für das Projekt. Zumindest dem Namen nach kannte Hermann ihn. Seinen wunderbaren Film „Das Wunder von Bern", die Geschichte rund um die Fußball-Weltmeisterschaft 1954, hatte er gesehen und die Dokumentation über das „Sommermärchen" von 2006 auch. Was hatte diesen sympathisch wirkenden Herrn nach Köln bzw. zu Fortuna verschlagen? „Mein Büro ist nur zwei Straßen vom Stadion entfernt", erklärte er gerade. Der Filmemacher sei es gewesen, der den Kölner Verein überhaupt ins Spiel gebracht hatte, ergänzten die Leute auf dem Podium, die hier das Projekt Dein Fußballclub repräsentierten. „Wir hatten sofort im ganzen Team keinen Zweifel, dass es die Fortuna sein soll", sagte Stoeveken. „Zum einen stimmt der finanzielle Hintergrund, zum anderen die Tradition." Sönke Wortmann fügte noch an, dass es eine ganze Reihe von Interessenten gegeben habe, die sich die Finger danach geleckt hätten, ausgewählt zu werden, darunter sein eigener früherer Club, die Spielvereinigung Erkenschwick. Doch dort sei die finanzielle Lage so prekär, dass im Herbst zeitweise keine Spielergehälter gezahlt werden konnten. So ein Club kam natürlich nicht in Frage. „Ich wollte aber einen Verein,

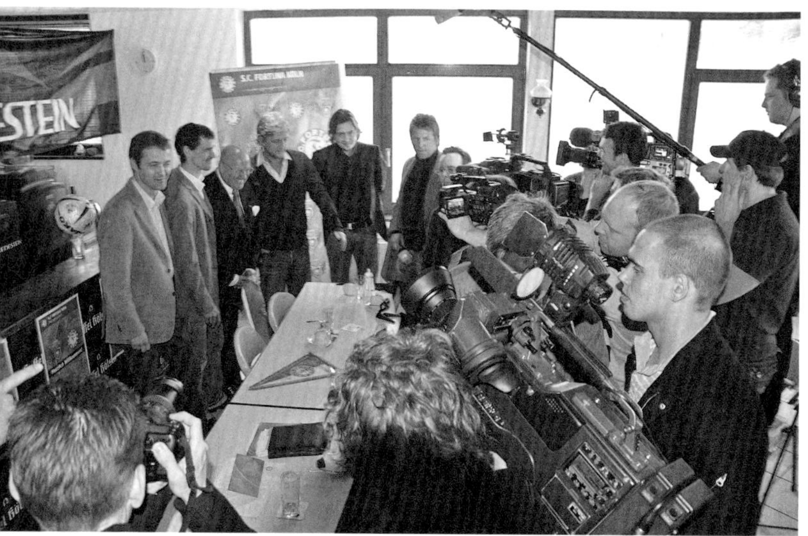

Die Pressekonferenz mit Sönke Wortmann lockte Reporter in Scharen an.

zu dem ich eine persönliche Beziehung habe", so Wortmann weiter. „Ich habe lange in der Südstadt gewohnt." Außerdem habe die Fortuna „eine Seele" und sei über eine der größten Jugendabteilungen Deutschlands auch noch sozial engagiert.

Stoeveken und Mathiak beschrieben ihre Ziele. Matthias Mink bekannte, dass er sehr gern Teil des Projekts sei, auch wenn er dann künftig nicht mehr alleine über die Marschroute bei den Spielen bestimmen könne. Zum Abschluss der Pressekonferenz wurden T-Shirts präsentiert, die jedes Mitglied bekommen sollte. „Co-Trainer" stand auf dem Rücken.

Am Tag danach ging es wieder um Fußball. Immerhin, ein Plus an Aufmerksamkeit hatte die Aktion, über die die Zeitungen ziemlich umfangreich berichteten, schon bewirkt: Fast 1.000 Zuschauer wollten das Spiel gegen den GFC Düren sehen. Sie wurden mit einem wahren Thriller von Spiel inklusive Last-Minute-Treffer von Stasi belohnt. Etliche weitere Siege, viele davon spektakulär, folgten und tatsächlich stand ein „Showdown" um den Aufstieg in die NRW-Liga bevor.

Ausgerechnet in Höhenberg musste das Spiel gegen den VfL Leverkusen ausgetragen werden. Bei einem Sieg wäre die Fortuna als Meister sicher in die NRW-Liga aufgestiegen. Aufstieg. Dass dieses Wort für die Fortuna noch einmal eine reale Bedeutung haben würde, hätte Hermann nicht für möglich gehalten. Der letzte Aufstieg, den er miterlebt hatte, lag sage und schreibe fast genau 35 Jahre zurück.

1. Juni 2008, Sonntag, Sportpark Höhenberg. So gespannt er einerseits auf das Spiel war, so gelassen war er andererseits. Ziemlich konkret und glaubhaft waren die Gerüchte, die Insider verbreitet hatten. Die besagten, dass der Gegner aus Leverkusen die erforderlichen Unterlagen – Bilanzen der zurückliegenden anderthalb Jahre sowie perspektivische Planungen für die folgenden anderthalb Jahre – für die Lizenzerteilung zur Teilnahme an der NRW-Liga nicht fristgerecht eingereicht habe. „Ganz klarer Fall von Fristüberschreitung, die haben keine Chance mehr, Fortuna ist durch", erklärte ihm jemand schon einige Tage vor dem Spiel. Der VfL Leverkusen habe das vom Westdeutschen Fußball- und Leichtathletik-Verband auch schon mitgeteilt bekommen, dass er am Zulassungsverfahren zur NRW-Liga unter keinen Umständen mehr teilnehmen werde.

Dass Hermann sich dennoch in einer Atmosphäre wiederfand, wie er sie seit dem Pokalfinale von 1983 nicht mehr erlebt hatte, lag vor allem am hohen Zuschaueraufkommen. Irgendwo zwischen 6.000 und 7.000 Menschen wurde die Zahl angegeben. Der Sportpark in der Merheimer Heide war rappelvoll, der Ordnungsdienst wirkte überfordert, das Personal an den Getränkeständen erst recht, und es war drückend heiß. Für Hermann mit seinen 70 Jahren schon eine Strapaze. Er war ein bisschen besorgt, ob die anderen älteren Besucher, die nach Höhenberg gekommen waren, das Spiel ohne Schaden überstehen würden.

Die Freude über den Führungstreffer von Cedric Mimbala, der die Fortuna-Anhänger zuvor so oft durch mitunter wahnwitzige Aktionen im Abwehrzentrum zur Weißglut getrieben hatte, währte nicht lange. Sieben Minuten vor dem Abpfiff glichen die Gastgeber aus. Trotz guter Chancen für die Fortuna blieb es beim Unentschieden, das Leverkusen zum Meister machte. Etliche Kölner gingen tief enttäuscht nach Hause.

Es folgte eine juristische Hängepartie. Zwei Wochen nach dem letzten Spieltag traf in der Geschäftsstelle des S.C. Fortuna Köln ein Schreiben des Verbands ein. Alle Voraussetzungen für eine Lizenz seien erfüllt, aber es müsse noch ein Gerichtsentscheid abgewartet werden über einen Einspruch des VfL Leverkusen gegen dessen Nichtzulassung. Diesen Antrag lehnte das Sportgericht am 10. Juli 2008 ab. Die Entscheidung sei „unanfechtbar". Im kleinen Baucontainer auf dem Gelände der Bezirkssportanlage Süd, in dem der Verein mittlerweile seine Geschäftsstelle hatte, knallten die Sektkorken.

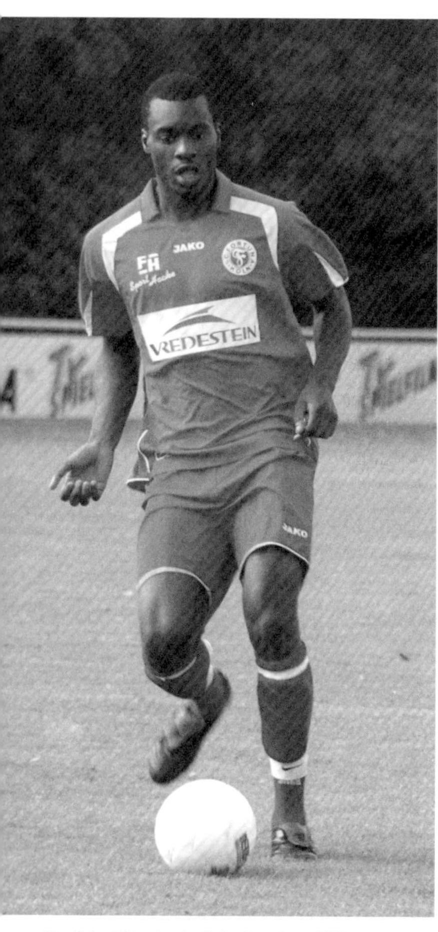

Cedric Mimbala köpfte den Führungstreffer im Spiel gegen den VfL Leverkusen.

Fortuna Düsseldorf, Alemannia Aachen, MSV Duisburg … Es hörte sich fast an, als sei Fortuna über Nacht wieder ganz oben angekommen. Dass es „nur" die zweiten Mannschaften der Traditionsvereine aus dem Westen waren, war Hermann anfangs egal. Er freute sich, nach 35 Jahren wieder einen Aufstieg miterlebt zu haben. Später änderte sich seine Einstellung ein wenig, wenn er bei Spielen gegen die „Amateure" feststellen musste, dass doch ein oder mehrere Profis zum Einsatz kamen, was das ein oder andere Mal einen erheblichen Unterschied ausmachte. Auf der Tribüne waren die Meinungen geteilt. „Das ist Wettbewerbsverzerrung", sagten die Gegner, während die Befürworter es begrüßten, ab und an mal wieder Profis spielen zu sehen.

Hermann beteiligte sich nicht am Fanprojekt DeinFußballClub.de. Internet, das war seine Sache nicht mehr. Und dass Basisdemokratie ausgerechnet bei Fortuna Köln funktionieren sollte, bezweifelte er erst recht. Über die Verpflichtungen neuer Spieler – und da gab es eine Menge – hätte er sonst mit abstimmen können. Sogar über die Spieltaktik. Weil er darin jedoch ohnehin noch nie ein Fachmann gewesen war, ließ er es sein. Im Februar 2009 startete das Projekt. Für Hermann blieb die Vorstellung, dass mehr als 10.000 Mitglieder auf der ganzen Welt bei Fortuna Köln mitbestimmen sollten, nach wie vor abstrakt. Folglich bekam er gar nicht mit, dass die Mitglieder des Projekts im August 2009 darüber abzustimmen hatten, ob Aufstiegs-Trainer Matthias Mink gefeuert werden sollte oder nicht. Doch auch die übergroße Mehrheit der meist DFC genannten Internetgemeinschaft schien diese recht essentielle Frage nicht zu interessieren. Nur 649 Mitglieder stimmten gegen eine Vertragsauflösung, 383 dafür. Zur Abstimmung war es gekommen, weil der Klassenerhalt nur ganz knapp geschafft wurde.

Mink, mit dem der Aufstieg in die NRW-Liga gelungen war, durfte also weiterarbeiten. Zum Ende der Saison 2010/11 trennten sich dann aber doch die Wege. Der Sieg im Essener Stadion an der Hafenstraße, wo die gastgebenden Rot-Weißen zuvor das Double mit Niederrheinpokal und Meisterschaft feiern durften, erwies sich aber noch als äußerst wertvoll. Denn Fortuna landete damit auf dem 3. Tabellenplatz hinter Rot-Weiss Essen und Germania Windeck. Die Windecker, deren Mannschaft fast vollständig zum FC Junkersdorf, dem Meister der Mittelrheinliga und somit Aufsteiger in die NRW-Liga, gewechselt war, zogen sich aus der Liga zurück. Damit konnte Fortuna dank einer neuerlichen Entscheidung am Grünen Tisch im Juni 2011 wieder einen Aufstieg feiern.

Das Glück der Tüchtigen

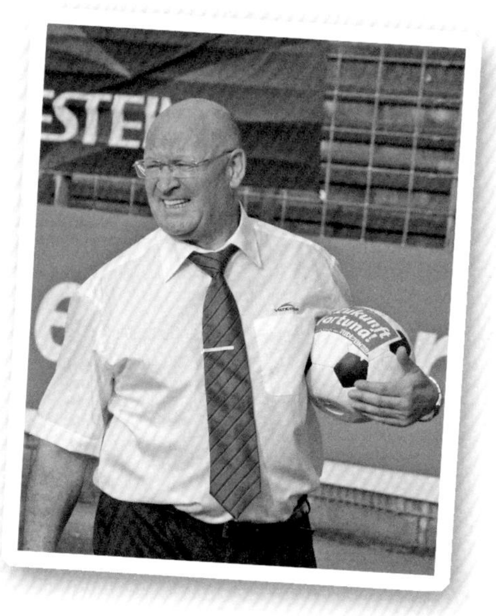

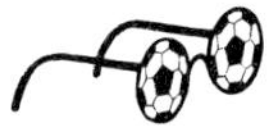

Kurz nach Beginn der Saison 2011/12 – im September – wurde das baldige Ende des Projekts DeinFußballClub.de angekündigt. Hermann war darüber eher erleichtert. Er fühlte sich in seiner anfänglichen Skepsis bestätigt. Die ständigen Diskussionen auf der Tribüne, wenn mal wieder etwas zur Abstimmung stand, waren ihm auf die Nerven gegangen. Eigentlich wurde auch immer mehr über das debattiert, was nicht zur Abstimmung stand. Bei Spielerverpflichtungen gab es nie eine Auswahl zwischen mehreren. Und die Fans durften sowieso erst abstimmen, wenn sich die Spielbetriebsgesellschaft mit einem Spieler vertragseinig war. Dieses „Abnicken" war den meisten aber zu wenig. So sank die Zahl der DFC-Mitglieder allmählich wieder. Von den 30.000 erhofften Mitgliedern blieb das Projekt ohnehin weit entfernt.

Aus der Zeitung erfuhr Hermann, dass nach dem Ende des Basisdemokratie-Experiments Michael W. Schwetje, zuvor schon mit 20 Prozent an der DFC-Projektgesellschaft beteiligt, nun der mächtigste Mann bei Fortuna Köln sei. Die ZEIT schrieb: „Beim Start des Projekts gründete die DFC GmbH mit dem S.C. Fortuna Köln e.V. eine Spielbetriebsgesellschaft, an der die Fortuna 51 Prozent hielt, DFC 49. Inzwischen hat Schwetje seinen Anteil an DFC von 20 auf gut 87 Prozent aufgestockt – und DFC wiederum hält nach mehreren Kapitalerhöhungen 99,78 Prozent an der Spielbetriebsgesellschaft, der e.V. nur noch 0,22 Prozent. Die Fortuna hat somit nur noch einen Bruchteil der Kapitalanteile, aber laut Vertrag weiterhin 50+1 Prozent der Stimmanteile in der Spielbetriebsgesellschaft."

Inzwischen war Uwe Koschinat Trainer der Mannschaft. Seit seinem Amtsantritt ging Hermann wieder öfter auf den Trainingsplatz, so wie er es früher gern an Montagen gehalten hatte, wenn der Salon geschlossen blieb. Ihm gefiel die Art und Weise, wie der neue Mann mit der Mannschaft umging, und auch der völlig veränderte Spielstil, der jetzt wesentlich aggressiver wirkte als noch unter dem Vorgänger. Es gab eine Reihe neuer Spielertypen wie Silvio Pagano, Fabian Montabell oder Steffen Moritz. Sehr offensiv ausgerichtete, frische Kräfte.

Die erste Saison in der Regionalliga West, in der es die Fortuna unter anderem mit der TuS Koblenz, dem SC Idar-Oberstein und den Amateuren des 1. FC Kaiserslautern zu tun hatte, endete mit Platz 7.

In der zweiten Saison gab Trainer Koschinat dem Team ein neues Gesicht mit Spielern wie André Poggenborg, Daniel Flottmann,

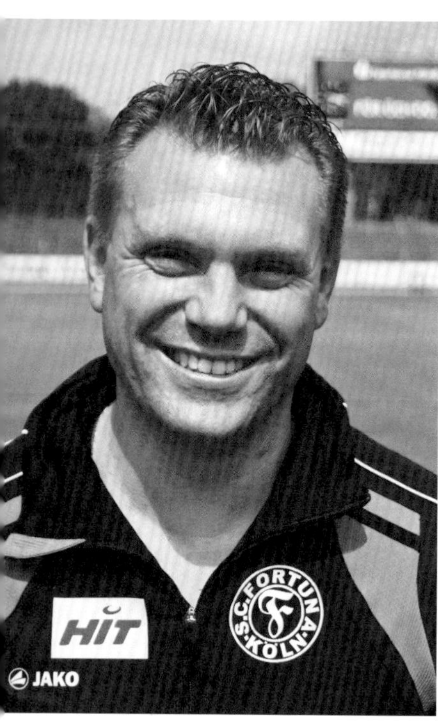

Uwe Koschinat: Seine Ära begann 2011.

Jan-André Sievers, Tobias Fink oder Thomas Kraus. Aber leider reichten 25 Siege nicht, um den ersten Tabellenplatz zu belegen. Zeit für Ärger über den zweiten Platz blieb indes nicht: Die Fortuna hatte das Finale im Mittelrhein-Pokalwettbewerb erreicht.

Alemannia Aachen hieß Ende Mai 2013 im Bonner Stadion der Gegner, der seine Drittliga-Saison als Absteiger beendet hatte. Im strömenden Regen ging Fortuna durch Thomas Kraus früh in Führung. Mitte der zweiten Halbzeit wurde der Druck der Aachener jedoch immer stärker und das Team schließlich mit dem Ausgleich belohnt. Zu diesem Zeitpunkt zählte auch Hermann zu den vielen Pessimisten, die nicht mehr an einen Erfolg der Fortuna glaubten. Aber das Glück sollte es heute gut meinen mit der Fortuna. Tobias Fink bekam nach einer schönen Hereingabe von Silvio Pagano die Gelegenheit zum Schuss. Der Ball wäre wahrscheinlich weit am Tor vorbeigegangen, wenn ihm nicht ein Aachener Abwehrspieler eine andere Richtung gegeben und ihn damit unhaltbar für seinen Torwart in die rechte untere Torecke gelenkt hätte. Nun wurden unter dem Tribünendach die letzten Minuten der Partie unendlich lang. Mit dem Schlusspfiff aber setzte ein Jubel ein, wie ihn viele der Fortuna-Anhänger seit Jahrzehnten nicht mehr erlebt hatten. Hermann versuchte sich inmitten des Trubels zu erinnern, wann es überhaupt jemals einen Pokalerfolg oder eine Meisterschaft gegeben hatte. „Berlin, Berlin, wir fahren nach Berlin!“, skandierten neben ihm einige bestens gelaunte Fans. Immerhin hatten sie ziemlich teure Zigarren dabei, wie Hermann feststellte.

Zur nächsten Saison blieb der bis dahin ziemlich erfolgreiche Kader größtenteils unverändert. Ein gutes Zeichen, wie Hermann fand. Dass der Trainer ausgerechnet einen Spieler vom Lokalrivalen Viktoria geholt hatte, der noch dazu schon 34 Jahre alt war, verstand er indes nicht. Doch ließ er sich rasch überzeugen, als ebendieser Ercan Aydogmus sich anschickte, ein Tor nach dem anderen für die Fortuna zu schießen, vorzugsweise als Einwechselspieler.

Die Saison wurde zum Triumphzug. Montags morgens die Zeitung aufzuschlagen und die Fortuna auf Platz eins der Tabelle zu sehen, bedeutete ein kaum mehr bekanntes Zufriedenheitsgefühl. Letzte Zweifel daran, dass der gesamte Verein nach oben wollte, wurden durch die Winterverpflichtungen von Hamdi Dahmani und Albert Streit beseitigt. Und der Siegeszug ging weiter.

Einige Wochen vor Saisonende wurden die Paarungen der Relegationsspiele für den Aufstieg in die 3. Liga ausgelost. Der Meister der Regionalliga West sollte gegen den Meister der Bayernliga antreten. Dort rangierten die Amateure des FC Bayern München mit weitem Vorsprung auf Platz 1, während Fortuna der Meistertitel noch nicht sicher war. Hermann versuchte verzweifelt, die immer wiederkehrenden Gedanken zu verscheuchen, dass man einmal mehr knapp scheitern könnte. Wie 1978, wie 1986, wie 1989.

„Das ist doch schon fast nicht mehr wahr“, sagte Christa und war tatsächlich ein wenig verärgert über ihren grüblerischen Lebensgefährten. „Sind eigentlich alle Fortuna-Fans so drauf?“ Hermann überlegte, ob die Frage rhetorisch gemeint war, denn schließlich konnte die Antwort nur „Ja“ lauten. Da zwickte ihn Christa sanft am Ohrläppchen und an der Nase: „Jetzt sei doch mal optimistisch! Die schaffen das schon!“, sagte sie und kuschelte sich an ihn. Sie hatten es sich auf dem Sofa gemütlich gemacht und hörten Musik, auf die Hermann erst vor Kurzem aufmerksam geworden war: Joe Bonamassa. „Ich versuch's ja“, seufzte er. „Weißt du was?

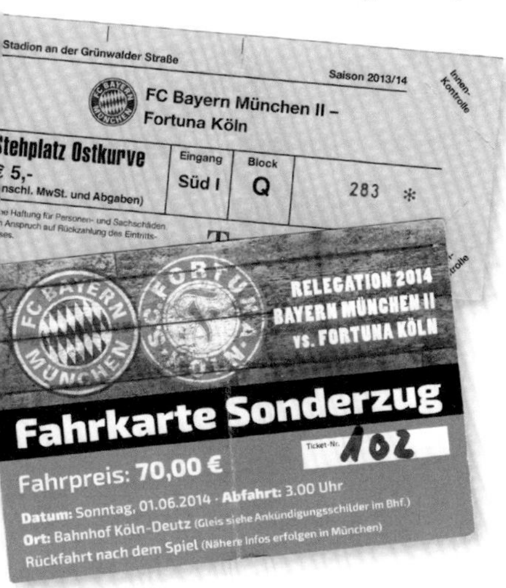

Entschuldigen Sie, ist das der Sonderzug nach München …

Morgen kaufen wir zwei Flugtickets nach München", sagte Christa plötzlich. „Zwei Tickets?" – „Ja glaubst du im Ernst, ich würde mir das entgehen lassen?"

In Sachen Meisterschaft machte es die Fortuna tatsächlich noch spannend. Der Vorsprung auf den Tabellenzweiten Sportfreunde Lotte begann zu schmelzen, weil der notwendige Sieg nicht gelingen wollte. Die Mannschaft wirkte verkrampft und ausgelaugt. Ausgerechnet nach einer Niederlage in Leverkusen konnten Mannschaft und Fans endlich doch jubeln. Weil Verfolger Lotte in Mönchengladbach in der Schlussminute noch den Ausgleich kassiert hatte, stand Fortuna endlich fest als Meister der Regionalliga West. Im Vereinsheim wurde ausgelassen gefeiert. Mann des Tages war dabei keiner der Kölner Kicker, sondern der Gladbacher Torschütze Oliver Stang, der die spontane Einladung nach Köln dankbar angenommen hatte.

Die Bayern konnten kommen.

Sie kamen, sahen und fuhren mit einer 0:1 Niederlage wieder heim. Die Tage bis zum Rückspiel schienen endlos.

1. Juni 2014, wieder ein Sonntag. Sie hatten den Flug nach München mit AirBerlin gebucht. Am Check-In-Schalter lächelte sie der Mitarbeiter an: „Haut sie weg, die Bayern. Viel Glück und guten Flug." Der Wartebereich am Gate war voller Menschen. Schon von Weitem hörten sie die Stimme von Klaus Ulonska, der die versammelten Ehrengäste begrüßte und pausenlos Optimismus verbreitete. Immerhin würden sie also nicht alleine fliegen. Trotzdem war die Flieger-Gruppe ein fast verlorenes Häuflein, verglichen mit der Masse an Fans, die sich seit 3.00 Uhr morgens per Sonderzug auf dem Weg nach München befand. Sie schrieben damit Geschichte, denn so etwas hatte es bei Fortuna nie zuvor gegeben. Direkt nach dem Spiel sollte es wieder zurück nach Köln gehen. Hermann und Christa wollten sich dagegen noch eine Übernachtung in der bayerischen Landeshauptstadt gönnen.

München empfing sie nicht nur mit strahlend weiß-blauem Himmel, sondern auch mit viel Sympathie. So zumindest erlebten es Christa und Hermann, die sich schon bald nach dem Einchecken im Hotel auf den Weg zum Stadion an der Grünwalder Straße machten: Christa im leuchtend roten Trenchcoat, der wunderbar zum ihrem Haar passte, das sie längst im natürlichen Grau trug;

Hermann mit rot-weißem Fanschal. Er konnte sich nicht erinnern, so etwas jemals vorher bei einem Spiel getragen zu haben, doch heute musste das einfach sein. Wann, wenn nicht an einem solchen Tag? An einer Kreuzung kurz vor der U-Bahnstation hupte ein Auto. Aus dem offenen Wagenfenster rief ihnen jemand zu: „Schlagt's die Roten! Auf geht's, Fortuna! München ist blau!"

Doch die Roten, also die Bayern, hatten ganz offensichtlich etwas dagegen. Und der Fußballgott – so schien es – auch. Zwei Fernschüsse, zwei Tore. Was war mit Torwart André Poggenborg los? Dann ein Platzverweis gegen Kristoffer Andersen. Hermann vergrub sein Gesicht in den Händen. Er spürte Christas Hand auf seinem Oberschenkel. Sie schaute gebannt aufs Spielfeld und murmelte immer wieder: „Ihr schafft das, ihr schafft das …" Die nächste Chance der Bayern vereitelte Florian Hörnig auf der Torlinie. Um sich und die anderen aufzuputschen, trat er nach dieser Rettungsaktion mit der Stollensohle gegen einen Torpfosten. Hermann hörte es Scheppern. Es klang wie der Gong zur letzten Runde. Ging doch noch was? Ein einziges Tor würde der Fortuna jetzt reichen, ein „lucky punch", wie im Boxkampf. Hermann bemerkte, dass einige Zuschauer von ihren Sitzen aufstanden und zum Ausgang gingen. „Nein", dachte er bei sich, „die dicke Frau singt noch!" Auch, wenn es höchstens noch zwei Minuten dauern konnte. Wie in Trance beobachtete er, was sich auf dem Rasen abspielte und befürchtete jeden Augenblick den Schlusspfiff. Dass in solch einer Situation jeder Ball lang und weit in die Bayernhälfte geschlagen werden musste, war auch ihm klar.

Und dann passierte genau das. Wie in Zeitlupe sah Hermann den von Sebastian Zinke geschlagenen Ball fliegen, immer weiter in den Strafraum der Bayern, wo die auffangbereiten Hände des Torwarts ihn erwarteten. Wie durch Watte hörte er mit einem Mal Christa schreien, als der Ball weiterflog, auf das leere Tor der Bayern zu. Vor ihm sprangen Zuschauer von den Sitzen auf, er selbst kam gerade noch rechtzeitig hoch, um zu sehen, wie ein schwarz-gelber Spieler zwischen drei Roten die Kugel im Netz unterbrachte. Oliver Laux.

Ein paar Meter entfernt von Christa und Hermann schrie sich zur selben Zeit der Fortuna-TV-Kommentator Stephan Gohlke in einer der Sprecherkabinen unter dem Tribünendach die Seele aus dem Leib:

„Nächster Einwurf für die Kölner. Vielleicht der letzte Versuch für die Fortuna. Zinke – hoch und weit Richtung Laux. Oliver Laux! Der Ball ist frei! Laux!! Laux macht es!!! Dicker Patzer von Lukas Raeder! Das ist der Aufstieg! Das ist der Aufstieg für die Fortuna!! Raeder mit dem unfassbaren Patzer! Und Laux, Laux macht ihn rein, Laux macht ihn rein! Hier brechen alle Dämme! Das ist der Aufstieg in die 3. Liga. Ich werd bekloppt, ich werd bekloppt …!"

Hermann wollte jubeln, wie alle um ihn herum es taten, aber die Stimme versagte ihm. Christa dagegen wollte gar nicht mehr aufhören zu schreien und zu klatschen. So hatte er sie noch nie erlebt. Tränen schossen ihm in die Augen. Er wehrte sich nicht dagegen und reckte stumm die Arme in die Höhe und schüttelte ungläubig den Kopf. Beim Schlusspfiff brach endlich seine ganze Freude heraus. Christa drückte sich fest an ihn: „Ich hab's dir doch gesagt, ich hab's dir doch gesagt!" Er küsste sie wie lange nicht mehr. Als er sie losließ, waren sie eingehüllt in wohlriechenden Tabakrauch. Hermann erinnerte sich sofort wieder an das Pokalfinale in Bonn. Hinter ihnen pafften zwei Männer in rot-weißen Retro-Trikots genüsslich teure Havanna-Zigarren und breiteten glückselig die Arme aus. „Ihr seid also die wildfremden Menschen, denen man bei so einer Gelegenheit in die Arme fällt", sagte Hermann vergnügt. Die anderen lachten. „Wir können uns gern kennenlernen", sagte einer von ihnen, der vom Alter her sein Sohn hätte sein können: „Ich heiße Heribert."

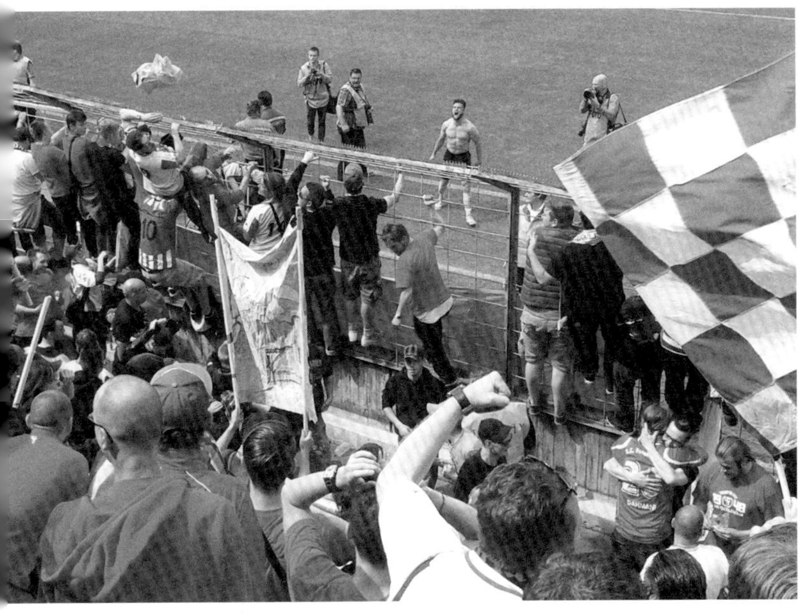

Fans und Spieler außer Rand und Band in München-Giesing.

Fortuna von F–Z

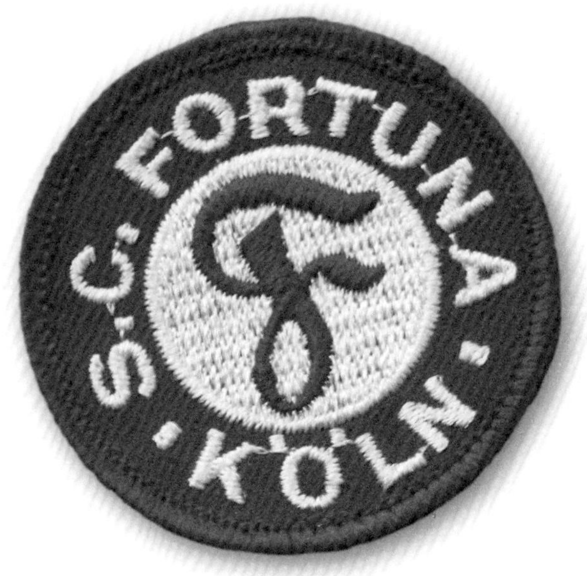

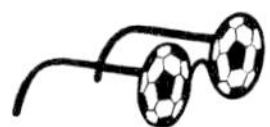

Fanclubs

Fortuna Eagles 1986
SC Mülltonn 1998
Schäng Gäng
Tarantula
D'r lange Ball
Fortunasen
Plääteköpp
The Hangovers
Team Algerien
South City Rudeboyz
Höhnerfobie

Fan-Mitbestimmung

gab es unter dem Namen DeinFußballClub.de von Mitte 2008 bis Ende 2011; ein Projekt, bei dem die Fans als Vereinsmitglieder zugleich auch Manager und Co-Trainer sein konnten. Wichtigste Entscheidung war die Zustimmung zur Verpflichtung von Trainer Uwe Koschinat.

Frauenfußball

Die Frauenfußballabteilung hat zwei Seniorinnen- und vier Jugendmannschaften.

Handball

Die Handball-Abteilung ist älter als der Verein. 1933 wurde die Abteilung zunächst im SV Victoria gegründet. Es gibt vier Herren-Mannschaften und ein Frauen-Team, keine Jugendarbeit.

Internet

www.fortuna-koeln.de
(offizielle Seiten von Verein und Spielbetriebsgesellschaft)

www.heimspiel-fortuna-koeln.de
(Plattform der Fans mit Forum und Fanradio)

Jugend

Der Verein hat eine der größten Jugendabteilungen im deutschen Fußball. Rund 500 Kinder und Jugendliche spielen in den Teams von Bambini bis U19. Seit März 2018 bildet das Nachwuchs-Zentrum die Basis für eine konzeptionell aufgestellte Jugendarbeit, die Nachwuchsfußballer bis in den Senioren- und Profibereich im Verein entwickeln soll.

Karneval

Die Verbindung zum kölschen Brauchtum wird nicht offensiv gelebt und betont. Dennoch war schon der erste Vereinspräsident Klaus Bintz nach seiner Fortuna-Zeit Bauer im Kölner Dreigestirn (1951). Präsident Klaus Ulonska dagegen hatte ein karnevalistisches Vorleben als Jungfrau im Dreigestirn (1973). Mit der nicht mehr existierenden Club-Abteilung „Fidele Fortuna“ wurde das Brauchtum mit jährlichen Sitzungen über Jahre ein wenig gepflegt. Alljährlich findet sich ein kleiner Kreis aus Fans und Ehrenamtlichen aus dem Verein zusammen, der als Gruppe im Zollstocker Karnevalszug mitzieht. Und der Fanclub Schäng Gäng ist traditionell am Rosenmontag mit eigener Tribüne am Zugweg.

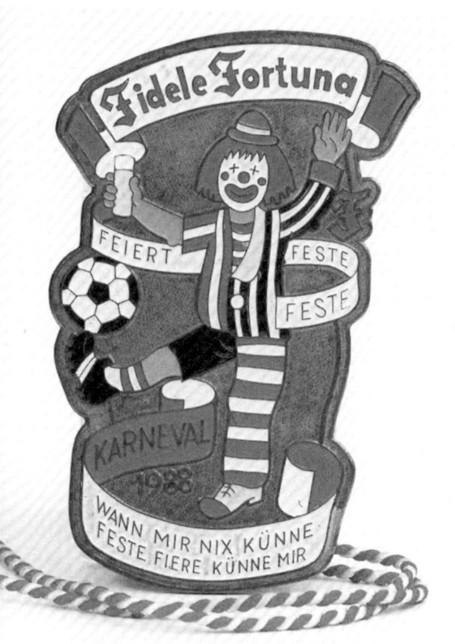

Bei der Fidelen Fortuna gab es selbstverständlich Orden.

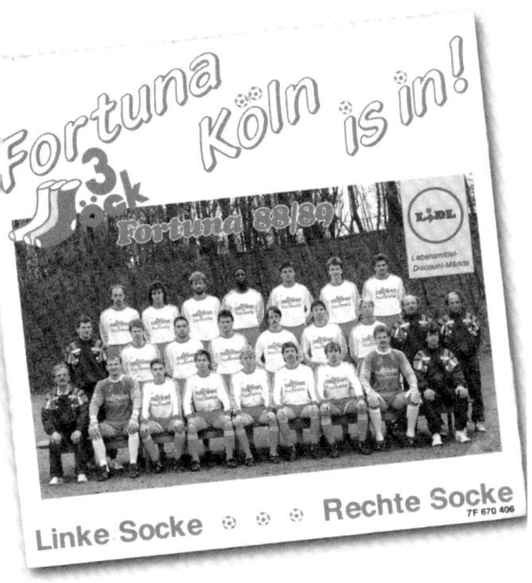

Fortuna war in, das Lied weniger.

Lieder

1973: „S.C. Fortuna" (Mannschaft)
1973: „Noch ein Tor" (Blom un Blömcher)
1989: „Fortuna ist in" (De 3 Söck)
1997: „Fortuna, Fortuna, Fortuna" (The Klau)
1998: „En der Südstadt jeiht et leech aan" (De Bläck Fööss)
2003: „Mir stonn zesamme" (Rutwing)
2006: „Mir stonn zo dir" (Eagles)
2008: „SC Mülltonn-EP"
2010: „Fortuna" (Die Kalauer + Mannschaft)
2012: „Isch blieve hee" (Klaus Ulonska)

Ligenzugehörigkeit:

1948/49	Bezirksliga Rheinbezirk
1949/50	Landesliga Mittelrhein
1950 – 1952	2. Liga West
1952 – 1965	Landesliga Mittelrhein
1965 – 1967	Verbandsliga Mittelrhein
1967 – 1973	Regionalliga West
1973/74	Bundesliga
1974 – 1981	2. Bundesliga Nord
1981 – 1991	2. Bundesliga
1991/92	2. Bundesliga Nord
1992 – 2000	2. Bundesliga
2000 – 2002	Regionalliga Nord
2002 – 2005	Oberliga Nordrhein
2005 – 2008	Verbandsliga Mittelrhein
2008 – 2011	NRW-Liga
2011 – 2014	Regionalliga West
ab 2014	3. Liga.

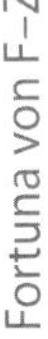

In der 1990er Jahren gab es kurzzeitig einen Hahn namens „Riki“, als Comicfigur auf dem Cover der Stadionzeitung „Kickeriki“ sowie als Plüsch-Großfigur.

Seit 2015 hat Fortuna Köln „Fred“, einen Roten Panda, als Maskottchen. Er ist als Plüsch-Großfigur sowie auf Merchandising-Artikeln zu sehen sowie wichtiger Akteur bei Schul-Aktionen oder als Begleiter der Einlauf-Kinder im Stadion. Damit verbunden ist eine Tierpatenschaft im Kölner Zoo.

Präsidenten

1948 – 1949:	Klaus Bintz
1949 – 1956:	Bernhard Krah
1956 – 1959:	Adolf Düchting
1959 – 1960:	Klaus Salm
1960 – 1961:	Heinz Waltz
1961 – 1963:	Karl Andrée
1963 – 1966:	Josef Schneider
1966 – 2001:	**Hans Löring**
2001:	Ralf Cremer (ca. 1 Stunde)
2001 – 2002:	Johannes Böhne (danach Vorstandssprecher/ Vorsitzender)
2002 – 2005:	Jens Kuchenbuch
2005 – 2006:	Egbert Bischoff
2006 – 2015:	Klaus Ulonska
2015 bis heute:	Hanns-Jörg Westendorf

Rekordspieler

Willy Remsky:	mehr als 1.000 Spiele zwischen 1948 und 1964
Jürgen Niggemann:	349
Jürgen Gede:	344
Peter Boers:	311
Hannes Linßen:	311
Hans Jörg Schneider:	285

Rekordtorschützen

Karl-Heinz Mödrath:	150 Tore
Hamdi Dahmani:	64 Tore (Stand 06/2018)
Karl-Heinz Struth:	58 Tore
Rolf Kucharski:	54 Tore

Spielbetriebsgesellschaft

Die 1. Herrenmannschaft wurde zum 1. Januar 2009 aus dem S.C. Fortuna Köln e.V. in die Fortuna Köln-Spielbetriebs-GmbH ausgegliedert.

Spielstätten

1948 bis 1966:	Platz Schönhauser Straße, Bayenthal
1966 – 1978:	Stadion Radrennbahn, Müngersdorf
1978 bis heute:	Stadion Köln-Süd, Zollstock: max. 10.100 Zuschauer

Kurzzeitige Nutzungen:

2004:	Bezirkssportanlage Bocklemünd (ein Spiel)
2006:	Ostkampfbahn Müngersdorf (ein Spiel)
2006:	Bezirkssportanlage Süd, Zollstock

Stadionwurst

legendär:	Schlömer's Knacker einfach
sonst:	Bratwurst, Krakauer

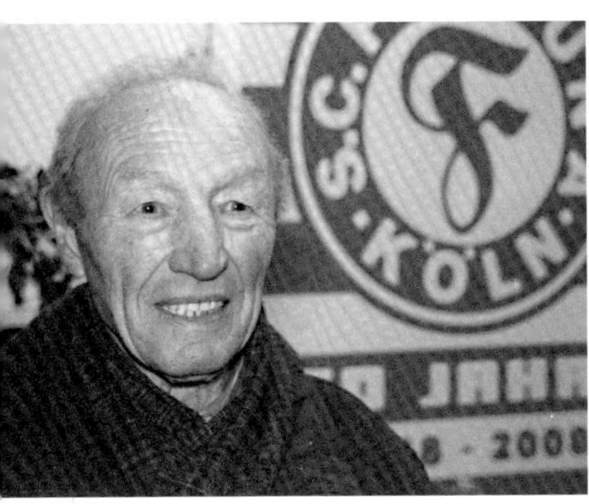

Rekordspieler Willy Remsky (1926 – 2017).

Stadionzeitungen

Kickeriki
Fortuna-News
100 % Fortuna
Heimspiel

Tischtennis

Seit 2018, noch im Aufbau

02 – 04/1948:	Hans Chriske
04/1948 – 01/1950:	Jupp Behr
01 – 06/1950:	Auwin Jung
06/1950 – 06/1952:	Ernst Moog
06/1952 – 06/1953:	Ferdi Swatosch
1953 – 1954:	Horst Bremer
1954 – 1956:	Theo Lahnstein
1956 – 1958:	Jupp Delgrange
01 – 06/1958:	Heinz Busch
1958 – 1960:	Hans Löring
1960 – 1967:	Hans Geuenich
1967 – 1969:	Jupp Schmidt
1969 – 1970:	Vladimir Beara
1970 – 10/1972:	Ernst Günter Habig
10/1972 – 06/1973:	Martin Luppen
06 – 12/1973:	Volker Kottmann
01 – 06/1974:	Martin Luppen/Willi Holdorf
06/1974 – 06/1975:	Martin Luppen
06 – 10/1975:	Rudi Gutendorf
10/1975 – 06/1976:	Heinz Hornig
07/1976 – 11/1977:	Ernst-Günter Habig
01/1978 – 12/1979:	Rudi Faßnacht
01 – 06/1980:	Heinz Hornig
07/1980 – 06/1983:	Martin Luppen
07/1983 – 04/1984:	Horst Heese
07/1984 – 10/1986:	Hannes Linßen
01 – 04/1987:	Horst Buhtz
04/1987 – 08/1989:	Hannes Linßen
08 – 10/1989:	Hans Löring
01/1989 – 09/1990:	Jupp Tenhagen
09/1990 – 06/1991:	Tony Woodcock
07/1991 – 06/1993:	Gerd Roggensack
07/1993 – 10/1995:	Hannes Linßen
10/1995 – 05/1997:	Jürgen Gelsdorf
05 – 06/1997:	Walter Junghans/Dieter Epstein
07/1997 – 06/1998:	Bernd Schuster
07/1998 – 15.12./1999:	Harald Schumacher
12/1999 – 01/2000:	Matthias Mink/Dieter Epstein

01–04/2000:	Hans Krankl
04–05/2000:	Slavko Kovacic
06/2000–05/2001:	Peter Vollmann
06–12/2001:	Uwe Fuchs
01/2002–06/2004:	Ralf Aussem/Dieter Epstein
07–08/2004:	Klaus Hilpert
09/2004–01/2005:	Mario Kentschke
07/2005–07/2006:	Andreas Drysch
08/2006–04/2007:	Bert Esser
04–07/2007:	Ralf Aussem
07/2007–05/2011:	Matthias Mink
06/2011–heute:	Uwe Koschinat

Trikotsponsoren

Phantasialand	Porta	Natreen-Fruchtnektar
BAV	Vademecum	Hit
Besaplast	Toyota	Perdia
Scott	Finalkick	Vredestein
Hit		

Vereinsfarben

1948–1971:	Schwarz-Gelb
danach:	Rot-Weiß

YouTube

Der Fortuna-TV-Kanal bot bis zur Aufstiegsrelegation Live-Übertragungen und Spielzusammenfassungen. In der 3. Liga nur noch Spielvorschauen auf Video, Stimmen zu Spielen und Pressekonferenzen.

Zuschauerrekord

13. Mai 1986:	47.000; Stadion Müngersdorf; Gegner: Borussia Dortmund

In der Reihe Bibliothek des Deutschen Fußballs sind bereits erschienen:

Bd. 1 1. FC Union Berlin (Jörn Luther)
Bd. 2 SV Babelsberg 03 (Rico Noack)
Bd. 3 BFC Dynamo (Marco Bertram)
Bd. 4 FC Energie Cottbus (Jens Batzdorf)
Bd. 5 1. FC Lokomotive Leipzig (Freundeskreis Probstheida)
Bd. 6 BSG Chemie Leipzig (Alexander Mennicke)
Bd. 7 1. FC Magdeburg (Jente Knibbiche)
Bd. 8 F.C. Hansa Rostock (Marco Bertram)
Bd. 9 1. FC Nürnberg (Benjamin Wolf)
Bd. 10 FC Rot-Weiß Erfurt (Matthias Klaß)
Bd. 11 1. FC Köln (Andreas Merkel)
Bd. 12 SG Dynamo Dresden (Uwe Leuthold)
Bd. 13 FC Sankt Pauli (Fabian Fritz & Gregor Backes)
Bd. 14 SV Waldhof Mannheim (Andi Nowey)
Bd. 15 FC Carl Zeiss Jena (Jörg Dern & Toni Schley)
Bd. 16 FC Bayern München (Marcel Neudeck)
Bd. 17 Borussia Mönchengladbach (Steffen Andritzke)
Bd. 18 Eintracht Braunschweig (Uli Hannemann)
Bd. 19 S.C. Fortuna Köln (Heribert Rösgen & Matthias Langer)
Bd. 20 FSV Frankfurt (Franziska Blendin)
Bd. 21 BSG Wismut Gera (Mario Krüger)
Bd. 22 FSV Zwickau (Norbert Peschke)